Cornelia Kuhnert

111 Orte für Kinder in und um Hannover, die man gesehen haben muss

Mit Fotografien von Günter Krüger

emons:

PEFC zertifiziert

Dieses Produkt stammt
aus nachhaltig
bewirtschafteten Wäldern
und kontrollierten Quellen

PEFC/04-31-1370   www.pefc.de

Bibliografische Information der Deutschen Nationalbibliothek
Die Deutsche Nationalbibliothek verzeichnet diese Publikation
in der Deutschen Nationalbibliografie; detaillierte bibliografische
Daten sind im Internet über http://dnb.d-nb.de abrufbar.

© Emons Verlag GmbH
Alle Rechte vorbehalten
© der Fotografien: Günter Krüger
© Covermotive: shutterstock.com/Baloncici; shutterstock.com/Uta Scholl;
shutterstock.com/Art Konovalov; shutterstock.com/TashaNatasha
Layout: Editorial Design & Artdirection, Conny Laue, Bochum,
nach einem Konzept von Lübbeke | Naumann | Thoben und Nina Schäfer
Kartografie: altancicek.design, www.altancicek.de
Kartenbasisinformationen aus Openstreetmap,
© OpenStreetMap-Mitwirkende, ODbL
Druck und Bindung: Grafisches Centrum Cuno, Calbe
Printed in Germany 2018
Erstausgabe 2018
ISBN 978-3-7408-0333-9
Aktualisierte Neuauflage September 2018

Unser Newsletter informiert Sie
regelmäßig über Neues von emons:
Kostenlos bestellen unter
www.emons-verlag.de

VORWORT

Erneut sind wir in und um Hannover auf Entdeckungstour gegangen. Dieses Mal haben wir nach Orten gesucht, die reizvoll für Familien, Kinder und Jugendliche sind. Und wir sind fündig geworden. Erfahren Sie, wo Kinder mit Alpakas spazieren gehen oder das Klettern in der Senkrechten üben können. In welchem Haus Sie Vampir Heini mit seinem losen Mundwerk antreffen und wo es hinein in den Berg geht. Kennen Sie die Geschichte zu EDDIs Hundehütte, und wissen Sie, wo die Pit-Pat-Anlage steht? Waren Sie schon einmal im Wald-Hochhaus oder haben das Römerlager in Wilkenburg gesucht? Bei unserer Recherche haben wir viele Orte entdeckt, die wir vorher nicht kannten. Mal waren es kaum beachtete oder skurrile Plätze, dann wieder weniger bekannte Facetten am Rande von Besuchermagneten. Das fängt bei A wie AWO-Welle an und endet bei Z wie Ziegenhof. Für jedes Alter, jeden Geschmack und alle Wetterlagen ist etwas dabei. Das Besondere liegt dabei wie immer im Auge des Betrachters. Und manchmal ist bereits der Weg das Ziel – wie bei den Fahrradrouten. Dazu kommen viele Specials für Kindergeburtstage. Ob RennCenter, MalZeit, Opernhaus oder Goldwaschcamp, die kleinen und großen Veranstalter entwickeln jede Menge Ideen für diesen Festtag.

Eintrittspreise sind im Buch bewusst nicht aufgeführt, weil sie sich schnell ändern können. Hier sollte die jeweilige Homepage aktuell befragt werden. Zum Thema Eintritt noch folgender Tipp: Es gibt mittlerweile eine MuseumsCard, eine FerienCard, eine HannoverCard und den HannoverAktivPass. Es lohnt sich, zu prüfen, ob eine dieser Möglichkeiten für Ihre Familie in Betracht kommt, um Geld zu sparen. Etliche der Orte können auch kostenlos besucht werden. Hinweis: Wir haben die Orte direkt in Hannover alphabetisch sortiert, dann folgen die nach dem Abc geordneten Orte rund um Hannover.

Auf geht's! Wir wünschen allen viel Freude beim Entdecken.

111 ORTE

1_ DER 2ER SKATEPARK

Werde Mitglied, dann kannst du hier skaten!

Was vor zehn Jahren illegal begann, hat sich zum vorbildlichen »Do-it-yourself«-Projekt gemausert und ist in ganz Deutschland bekannt. Zumindest in Skaterkreisen. Denn Skateboarding bedeutet vielen mehr als nur die Lust an der Bewegung und das Erlernen von Tricks. Die Kreativität und das Zusammensein mit Freunden ist für viele der Ausdruck einer Lebenseinstellung. Da das Skateboarding im öffentlichen Raum häufig zu Ärger wegen Lärmbelästigungen führte, hat die Skateboardgemeinschaft damals die Sache selbst in die Hand genommen und in Eigeninitiative einen eigenen, nicht öffentlichen Parcours in der Nähe des Lindener Hafens auf einer vorhandenen Betonfläche angelegt.

Zuerst nur geduldet, gibt es seit 2010 einen Pachtvertrag zwischen dem Grundstücksbesitzer und dem 2009 gegründeten 2er Skateboarding e.V., finanziert durch die mehr als 100 Mitglieder. Im Sommer 2017 wurde die Anlage von »einem Rudel von freiwilligen Schutt-Puzzlern und Betonschmierern aus der Region« in Teilen neu gestaltet und ausgebaut, damit die Vereinsmitglieder spannende, aber auch sichere Runden fahren können. Für Anfänger gibt es an speziellen Terminen die Skateschool. Zurzeit läuft am ersten und dritten Mittwoch im Monat die 2er Mädels Session von 16 bis 19 Uhr. Dann steht die Fläche exklusiv den weiblichen Skatern zur Verfügung. Skateboards und Schutzausrüstung werden kostenlos ausgeliehen. Passend dazu hat das Mittwochscafé von 15 bis 19 Uhr geöffnet. Achtung: Termine können sich ändern!

Adresse Fössestraße 103, 30453 Hannover-Linden, www.2erskate.de // **ÖPNV** Stadtbahnlinie 9, weiter mit Bus 120 bis Haltestelle Bernhard-Caspar-Straße // jedes Alter

TIPP: Daneben befindet sich das »Platz Projekt« mit städtebaulichen Container-Visionen, die man eher in Berlin-Kreuzberg vermuten würde.

2_DIE ALTE BULT

Hoppe, hoppe Reiter …

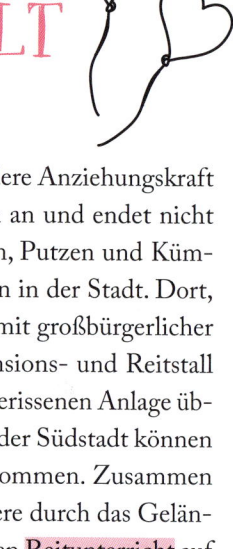

Auf Kinder üben Ponys und Pferde eine besondere Anziehungskraft aus. Das fängt mit Glitzerponys auf Pullovern an und endet nicht selten im Reitstall beim Streicheln und Füttern, Putzen und Kümmern oder im Sattel. Und das geht sogar mitten in der Stadt. Dort, wo vor über 100 Jahren eine Galopprennbahn mit großbürgerlicher Ausstrahlung Besuchermagnet war, ist der Pensions- und Reitstall Stolberg als geschichtsträchtiger Rest dieser abgerissenen Anlage übrig geblieben. In dieser grünen Oase am Rande der Südstadt können Kinder ab drei Jahren mit Ponys in Kontakt kommen. Zusammen mit freiwilligen Ponypflegern führen sie die Tiere durch das Gelände der Alten Bult. Kinder ab neun Jahren erhalten Reitunterricht auf Schulpferden oder Ponys. Dazu sind anfangs nur eine lange, bequeme Hose und feste, über den Knöchel reichende Schuhe nötig und ein Reit- oder Fahrradhelm. Während der Öffnungszeiten können Familien zum geführten Ponyreiten ohne Anmeldung vorbeikommen. Erst ab einer Gruppe von fünf Kindern ist eine Anmeldung nötig. Die Reitschule verfügt über eine Reithalle, drei Außenreitplätze, einen Springplatz und vier Longierzirkel. Auf dem Gelände befinden sich mehrere Paddocks, das sind befestigte Ausläufe für Pferde. Eigene Pferde sind in Pensionsboxen untergebracht. Ausritte sind auf den Reitwegen der Alten Bult oder in der nahen Eilenriede möglich.

»Bult« bezeichnet übrigens eine Bodenerhebung in Mooren oder sumpfigen Gebieten.

Adresse Lindemannallee 27, 30173 Hannover-Südstadt, www.reitstall-stolberg.de, Tel. 0172/5427050 // ÖPNV S1, S4, S5, Haltestelle Bahnhof Hannover Bismarckstraße, oder Bus 121, Haltestelle Stresemannallee // Öffnungszeiten Schulzeit Mo–Fr 15–18 Uhr (Ferien 11–18 Uhr), Sa, So und Feiertage 11–18 Uhr // ab drei Jahren erste Begegnungen mit Ponys, ab neun Jahren Reitkurse

TIPP: Das weitläufige Gelände der Alten Bult ist seit 1998 Landschaftsschutzgebiet und lädt zum Spaziergang ein.

3_ DIE ANGEL- GEWÄSSER

Angeln: das Glück von der Rolle

Die Ricklinger Kiesteiche sind ehemalige Baggerseen und gehören zur südlichen Leineaue. Der größte von ihnen ist mit 5,5 Hektar ein offizielles Badegewässer. Die dazugehörige Halbinsel wird vom Fischereiverein Hannover genutzt, den es schon seit über 100 Jahren gibt. Außer den rund 4.000 aktiven Mitgliedern gibt es auch fast 500 Jugendliche im Verein. Das ist kein Zufall, der Mensch war schon immer ein Jäger und Sammler. Vielleicht erklärt das die Faszination des Fischfangs. Noch dazu ist es eine Aktivität in der freien Natur, als Gratiszugabe gibt es Sonnenauf- und -untergänge oder aufsteigenden Morgennebel. Doch bevor man seine Angel samt Köder ins Gewässer hält, müssen zwei Grundvoraussetzungen erfüllt sein: eine absolvierte Fischerprüfung und eine Genehmigung zum Angeln. Im Mittelpunkt der Ausbildung steht das Lebewesen Fisch und der respektvolle Umgang mit ihm. Nicht nur das Angeln will gelernt sein, auch das Töten eines Fischs. Dazu kommt das Hegen und Pflegen der Gewässer. Für Kinder ab acht Jahren gibt es im Fischereiverein Hannover eine betreute Jugendgruppe, in der die Kinder verschiedene Angeltechniken lernen. Das geht vom Karpfen- oder Raubfischangeln bis hin zum Fliegenfischen. Die Prüfung kann ab 14 Jahren abgelegt werden. Erst dann darf man alleine zum Angeln losziehen. In Hannover geht das mit einer Mitgliedschaft oder einer Gastkarte des Fischereivereins an den Ricklinger oder den Heeßeler Kiesteichen sowie an Leine und Mittellandkanal.

> **TIPP:** Alles rund ums Angeln gibt es bei Fish & Fun in Hemmingen, Max-von-Laue-Straße 9, 30966 Hemmingen, Tel. 0511/4104588, www.fishundfun.de.

Adresse Büro: Hildesheimer Straße 122, 30173 Hannover-Südstadt, Tel. 0511/880054, www.fvhannover.de // **ÖPNV** Stadtbahnlinie 1, 2, 8, Haltestelle Altenbekener Damm // **Öffnungszeiten** Di – Fr 10 – 12 Uhr, Di – Mi 14 – 16 Uhr und Do 16 – 18 Uhr // ab acht Jahren

4_ DIE AWO-WELLE

Mittelmeerfeeling für Babys, Kinder und Kleinkinder

Am Ende der Stärkestraße befindet sich unweit der Leine das Schwimmbecken der Arbeiterwohlfahrt (AWO) Region Hannover e. V. Die sogenannte AWO-Welle gehört mit seinen Maßen von 6,50 mal 12 Metern und einer Wassertiefe von 70 bis 130 Zentimetern nicht zu Hannovers größten Schwimmbädern, aber sie ist das einzige mit einer Wassertemperatur wie im Mittelmeer (Wasser 32 und Luft 30 Grad) und einem Salzgehalt wie in der Nordsee. Das ist gut für die Atemwege und die Haut, genau wie das hautschonende und umweltfreundliche Desinfektionsverfahren. Die Kursangebote richten sich schon an Babys ab vier Monaten, die sich hier in Begleitung eines Erwachsenen für eine halbe Stunde im Wasser tummeln können. Dabei geht es bei den Kindern vor allem um die freie und entspannte Bewegung im Wasser, während die Begleitpersonen sichere Griffe und Haltetechniken lernen. Etwas ältere Kleinkinder erlernen spielerisch in 45 Minuten erste Schwimmzüge. Bei den Wassergewöhnungskursen brauchen die Kinder, falls sie noch nicht »trocken« sind, eine Schwimmwindel. Wickelmöglichkeiten sind vorhanden. Ab fünf Jahren gibt es richtige Schwimmkurse mit dem Erwerb des »Seepferdchens« als Ziel. Väter sind natürlich in allen Kursen willkommen, am Samstagvormittag finden spezielle Vater-Kind-Kurse für Kinder zwischen drei und fünf Jahren statt. Für alle Kurse muss man sich bei der AWO Familienbildung anmelden. Freie Schwimmzeiten gibt es nicht.

Adresse Stärkestraße 14, 30451 Hannover-Linden, Tel. 0511/21978-170, fabi@hannover-awo.de, www.familienbildung-hannover.de // **ÖPNV** Stadtbahnlinie 10 sowie Bus-Ringlinien 100 und 200 und Regiobus 700, Haltestelle Küchengarten // **Öffnungszeiten** Bürozeiten der AWO Familienbildung, Deisterstraße 85a, 30449 Hannover: Mo–Fr 9–12 Uhr, Mo, Di und Do 13–15 Uhr // ab vier Monaten

TIPP: Der farbenfrohste Spielplatz der Stadt liegt in der Stärkestraße, gestaltet von Künstlern, Anwohnern und dem interkulturellen Verein Kargah.

5_ DER BALLHOF

Raum für »Junges Schauspiel« und »Junge Oper«

Mitte des 17. Jahrhunderts von Herzog Georg Wilhelm für Feste und Federballspiele gebaut, gibt es seit dem Anbau 1990 im Ballhof genannten Gebäude zwei Theaterbühnen (Ballhof Eins und Ballhof Zwei), mittlerweile zu zwei Drittel vom »Jungen Schauspiel« und zu einem Drittel von der »Jungen Oper« genutzt. Neben den Aufführungen wird Theaterpädagogik rund um die Produktionen und Begleitprogramme großgeschrieben. Beim »Jungen Schauspiel« gibt es die Balljugend-Clubs und das Festival »Jugend spielt für Jugend«. Anlaufstelle ist das Ballhof Café, die kleinste Kultbühne des Staatstheaters. Hier kann Theater im Selbstversuch mit eigenen Inszenierungen und Projekten erprobt werden. In der »Jungen Oper« erschließen junge Sänger und Regisseure Kindern ab vier Jahren den Zugang zur Oper. Drei Premieren gibt es in der Regel im Jahr. Zusammen mit wieder aufgenommenen Stücken werden fünf bis sechs verschiedene Produktionen für unterschiedliche Altersgruppen gezeigt. Die »Junge Oper« vergibt Kompositionsaufträge und sorgt dafür, dass sich das Repertoire an Kinderopern ständig erweitert. Für die Umsetzung gibt es ein eigenes sechsköpfiges Ensemble junger Sängerinnen und Sänger in Kooperation mit dem Studiengang Gesang der Hochschule für Musik, Theater und Medien Hannover. Begleitet wird das Programm der »Jungen Oper« von einem der breitesten musiktheaterpädagogischen Angebote Deutschlands. Familien erhalten vor den Vorstellungen interaktive Einführungen. Für Schulklassen gibt es Workshops zur Vor- oder Nachbereitung eines Vorstellungsbesuchs, Lehrer erhalten Materialmappen und vieles mehr.

TIPP: Der Apfelkuchen im »Teestübchen« gegenüber vom Ballhof Eins schmeckt besonders lecker, www.teestuebchen-hannover.de.

Adresse Ballhof Eins, Ballhofplatz 5, Ballhof Zwei, Knochenhauerstraße 28, 30159 Hannover, Tel. 0511/9999-1111, www.staatstheater-hannover.de // **ÖPNV** Stadtbahnlinie 7 bis Markthalle/Landtag, weiter über Lein- und Burgstraße, Kartenverkauf im Schauspiel- und Opernhaus // **Öffnungszeiten** Mo–Fr 10–18.30 Uhr, Sa 10–14 Uhr // ab vier Jahren

6_ DER BEGINENTURM

Rapunzel, Rapunzel, lass dein Haar herunter

Der Beginenturm ist das älteste mittelalterliche Bauwerk in Hannover. 1357 wurde er als Wehrturm in den Garten der Beginen – eine christliche Glaubensgemeinschaft vorwiegend älterer Damen – direkt am Hohen Ufer gebaut. Er war Wehrturm, Gefängnis, Brennstofflager, Wohnung und Kneipe. Öffentliche Führungen finden samstags, Familien-Aktionen sonntags statt. Alle Familien- und Kinderprogramme laden zum Mitmachen und Ausprobieren ein.

Beim Angebot »Torwachen und Turmwächter« schlüpfen die Kinder in die Rollen und Gewänder mittelalterlicher Turmwächter. Sie erfahren, dass der Turm zur Stadt hin offen war. Sollten es Angreifer schaffen, den Turm zu erobern, konnten sie von der Rückseite bekämpft werden. Damit es nicht zu einer feindlichen Übernahme kommt, üben sich die Kinder im Armbrustschießen und Schwertkampf und durchlaufen ein Geschicklichkeitstraining. Ein weiteres Angebot ist der Bau kleiner und großer Katapulte.

Die »Märchenzeit im Beginenturm« dreht sich um einige der grimmschen Märchen, bei denen Türme oder andere Orte, an denen jemand gefangen gehalten wird, eine Rolle spielen. So lässt Rapunzel aus einem der Turmfenster ihr Haar herab. Die Kinder werden zu Hänsel und Gretel oder finden Aschenputtels Tanzschuh und können Szenen aus ihren Lieblingsmärchen nachspielen. Die »Zeitreise durch den Turm« ist ein Fest mit Kostümen aus allen Epochen. Sie sollen helfen, die Geschichte zeitlich einzuordnen. Auf Wunsch können im Museumscafé Geburtstagstafeln hinzugebucht werden.

TIPP: Die Altstadtrallye: Die Kinder erkunden einige Gebäude im unmittelbaren Umfeld. Unter anderem wird hier der sonst verschlossene Hanebuth-Gang geöffnet, der Rest eines Durchgangs unter der Stadtmauer.

Adresse Pferdestraße 6, 30159 Hannover-Mitte,
Buchungen und Infos zu Führungen,
Öffnungszeiten und Sonderausstellungen:
Tel. 0511/168-43945, www.hannover-museum.de //
ÖPNV Stadtbahnlinie 3 bis Markthalle/Landtag,
zu Fuß über Leinstraße // ab vier Jahren

7_DAS BERÜHRUNGS-BECKEN

Lass dich mal anknabbern

Tiere mit allen Sinnen zu erleben geht nicht nur auf der Streichelwiese. Die Berührungsbecken im SEA LIFE laden genau dazu ein. Hier ist es erlaubt, ins Wasser zu greifen und eine Seeanemone zu berühren. Ein besonders kribbeliges Erlebnis ist es, sich von einer Putzergarnele an den Fingern knabbern zu lassen. Die fünf bis sechs Zentimeter großen Tiere sind nicht darauf dressiert, Menschen zu kitzeln, es ist ihre Art der Nahrungssuche. Im Meer leben sie mit bis zu 100 Artgenossen in Höhlen oder Felsenvorsprüngen und bilden dort eine Putzstation, an der sich Fische von Parasiten befreien lassen können. Auch im Aquarium sorgt die emsige Putztruppe für Sauberkeit. Haben die Putzergarnelen an genügend Fingern geknabbert, ziehen sie sich in kleine Höhlen zurück. Dort sind häufig auch die Feuergarnelen anzutreffen, die sich überhaupt nicht um die Finger der Besucher scheren. Die Berührungsbecken sind Gezeitentümpeln nachempfunden, die in der freien Natur entstehen, wenn sich das Wasser bei Ebbe zurückzieht. Sie befinden sich in einer Nische in der oberen Etage.

Ein Seherlebnis der besonderen Art wartet an der »tropischen Lagune«, in der sich 36 Fischgattungen tummeln, darunter vier Rochenarten. Ein schmaler Gang führt in eine Höhle mit einem Fenster aus Acrylglas in Kleinkinderaugenhöhe. Wenn der Rochen in anmutigen Bewegungen auf die Kinder zuschwimmt, stehen sie ihm plötzlich Aug in Aug gegenüber, bis er mit ein paar Flossenschlägen wieder verschwindet.

Adresse Herrenhäuser Straße 4a, 30419 Hannover-Herrenhausen, Tel. 01806/66690101, www.sealife.de // **ÖPNV** Stadtbahnlinie 4 und 5, Haltestelle Herrenhäuser Gärten // **Öffnungszeiten** Mo–So 10–18.30 Uhr // ab Kindergartenalter

8_DAS BLINDEN-MUSEUM

Die Welt ertasten

Für die meisten Menschen ist Sehen selbstverständlich. Und das ist gut so. Aber wechseln Sie doch zusammen mit Ihren Kindern einmal die Perspektive und versuchen Sie, das Leben und Lernen aus der Sicht eines Blinden oder Sehbehinderten nachzuvollziehen. Tausende Exponate sind im ehemaligen Singsaal der Blindenschule zusammengetragen. Sie alle zeigen, welchen Weg die Blindenbildung von ihren Anfängen bis heute genommen hat. Das von Louis Braille entwickelte und nach ihm benannte Punktschriftsystem nimmt eine zentrale Rolle in der Sammlung ein. Diese Punkte können die Besucher auf Globus, Wappen oder Straßenkarte ertasten. Bücher in Punktschrift werden gezeigt, genauso wie Atlanten. Unter Anleitung darf man auf dem Braille-Writer Wörter in Blindenschrift schreiben. Auch ein Computer mit spezieller Punktschriftzeile ist zu sehen, mit dem blinde Menschen Zugang zum Internet finden können.

In Kirchrode gibt es neben Berlin das einzige Blindenmuseum in Deutschland. 70 Jugendliche leben in den Internatsgebäuden, 100 weitere kommen zum Lernen hierher. Die Ursprünge der Einrichtung liegen in der Förderung durch König Ernst August, der sich vehement für die Bildung von Menschen ohne Sehvermögen einsetzte – auch aus persönlichen Gründen. Sein Sohn Georg, der spätere letzte König von Hannover, verlor als Kind durch Krankheit die Sehkraft auf einem Auge. Später erblindete er nach einem Unfall ganz. Ungestüm hatte er eine metallene Geldbörse herumgeschleudert und dabei sein gesundes Auge getroffen.

TIPP: In der Kirchröder Straße 47 befindet sich die urige Waldschenke Kirchröder Turm.

Adresse Bleekstraße 22, 30559 Hannover-Kirchrode // **ÖPNV** Stadtbahnlinie 1, 2 oder 8 bis Aegidientorplatz, umsteigen in Stadtbahnlinie 5, Haltestelle Bleekstraße, 600 Meter zu Fuß // **Öffnungszeiten** Führungen während der Schulzeit am Di nach Vereinbarung, Tel. 0511/52470, oder während öffentlicher Veranstaltungen wie dem Sommer- oder Herbstfest // ab zehn Jahren // kostenlos

9_DAS BUCH-DRUCK-MUSEUM

Spiegelverkehrte Buchstaben

Kinder wachsen heute mit der digitalen Technik auf, Smartphones und Computer sind fast für alle selbstverständlich. Auch Zeitungen und Bücher werden zunehmend digital gelesen. Das Buchdruck-Museum in Linden wurde 2002 gegründet, um das nahezu verschwundene Fachwissen der Buchdruckerkunst zu erhalten.

Vor über 15 Jahren taten sich ehemalige Setzer, Drucker und Buchbinder zusammen und gründeten den »Verein Schwarze Kunst e. V«. Zusammen versucht man in der Werkstatt eines Hinterhauses, die alten Traditionen, Arbeitsweisen und sogar die eigene Sprache von Buchdruckern und Schriftsetzern lebendig zu erhalten.

In der unteren Etage sind alte Maschinen zu sehen, wie eine Linotype aus dem Jahr 1886, alte Druckpressen, Setzkästen und vieles mehr. In der oberen Etage befindet sich ein liebevoll gestalteter Raum für Vorträge. Doch die Geschichte und Theorie steht nicht im Vordergrund. Das Museum versteht sich als aktive Einrichtung. Was ausgestellt wird, darf nicht nur berührt werden, genau dies ist ausdrücklich erwünscht. Von ehrenamtlichen Mitarbeitern werden Führungen und Workshops angeboten, auf Wunsch sogar über mehrere Tage. Alles ist nach Absprache möglich. Auch Kindergeburtstagsfeiern. Häufig wird der eigene Namen mit den spiegelverkehrten Bleibuchstaben im »Winkelhaken« aneinandergereiht und mit einem Schließrahmen fixiert. Anschließend wird auf einer kleinen Druckmaschine gedruckt. Das können kleine Karten, Lesezeichen oder ganze Seiten sein.

TIPP: Das »Pfefferhaus« in der Limmerstraße 16 ist Deutschlands erstes Chilifachgeschäft. Hier gibt es auch scharfe Süßigkeiten, www.pfefferhaus.de.

Adresse Hinterhof Limmerstraße 43,
30451 Hannover-Linden, Tel. 0511/2208253,
www.buchdruckmuseum-hannover.de //
ÖPNV Stadtbahnlinie 10, Haltestelle
Küchengarten // **Öffnungszeiten** Mi 15–19 Uhr
oder nach Vereinbarung // ab zweite Klasse

10_DAS EISSTADION AM PFERDETURM

Auf den Kufen, die die Welt bedeuten

Eiskunstlaufen erfreute sich schon in früheren Zeiten einer großen Beliebtheit, damals allerdings auf zugefrorenen Seen oder Gräben. Die erste Kunsteisbahn wurde 1876 in London gebaut. Hannover musste sich länger gedulden. Erst seit 1959 gibt es am Pferdeturm ein offenes Eisstadion, die Überdachung folgte 20 Jahre später. Heute können über 4.000 Zuschauer dabei sein, wenn die Hannover Indians hier Eishockey spielen. Die Eislaufsaison geht von September bis März. Für die Jüngsten gibt es die Laufhilfe Robby. Die blauen Robben nutzen die Kleinen zum Reiten oder Schieben und lernen ganz nebenbei das eigenständige Laufen auf Schlittschuhen. Die blauen Spaßbringer können ebenso wie die Schlittschuhe beim angeschlossenen Schlittschuhverleih ausgeliehen werden – solange der Vorrat reicht. Von 15 bis 17 Uhr ist am Mittwochnachmittag Familientag. An den Donnerstagen gibt es ab 19 Uhr Discolauf mit Musik. Eine Kinderlaufschule wird jeden Samstag von 13 bis 13.45 Uhr durch den EC Hannover Indians e. V. angeboten. Eine Anmeldung ist nicht erforderlich. In der Vereinsgaststätte kann man sich zwischendurch aufwärmen, hier sind auch Kindergeburtstagsfeiern möglich.

Der namensgebende Pferdeturm ist ein spätmittelalterlicher Wartturm der Stadt Hannover. Den Namen erhielt er, weil gleich in der Nähe um 1700 ein Pferde- und Fohlenstall errichtet wurde. Bis zum Zweiten Weltkrieg gab es hier ein Ausflugslokal, ganz in der Nähe eine Radrennbahn.

TIPP: Direkt um die Ecke liegt das »Milazzo« mit italienischer Hausmannskost, Öffnungszeiten 12–15 und 18–24 Uhr, Mi Ruhetag, außer während Messen, dann Mi ab 18 Uhr, Tel. 0511/556601.

Adresse Am Pferdeturm 7, 30625 Hannover-Kleefeld, Tel. 0511/550200, www.eisstadion-hannover.de // **ÖPNV** Stadtbahnlinie 4, 5, 11, Haltestelle Clausewitzstraße // **Öffnungszeiten** 30. Sept.–31. März Di 15–17 und 20–22 Uhr, Mi–Fr 10–13 und 15–17 Uhr, Do außerdem 19–22 Uhr, Sa, So 10–12 und 15–18 Uhr // ab vier Jahren

11_DIE FISCH-AUFSTIEGSANLAGE

Hilfestellung für Forelle & Co

Fische haben es auch nicht leicht. Zum einen lauern die Angler mit ihren Ruten überall am Ufer von Seen und Flüssen – und dann haben die Menschen die Leine auch noch mit einem Wehr in Herrenhausen aufgestaut. So gab es viele Jahre kein Weiterkommen für Bachforelle, Lachs, Hecht, Aal, Äsche oder Flussneunauge. Die Fische dümpelten im Stillwasserbereich vor sich hin, wo ihnen die schlechte Qualität des Flusswassers zu schaffen machte. Bis 1999. Dann kam die Wende. Enercity baute sein ambitioniertes WasserKRAFTwerk in Herrenhausen und rief gleichzeitig das Projekt »Fischaufstiegsanlage« ins Leben. Dazu baute man 25 kleine Einzelbecken, die den Fischen ein barrierefreies Hinaufschwimmen über mehrere Stufen ermöglichen. Die Becken sind auf einer Länge von 95 Metern hintereinander aufgereiht und gut zwei Meter breit. Damit die Fische unterhalb des Wehrs den Eingang in den Fischpass nicht verpassen, gibt es eine Leitströmung. Dieser Strömung folgen Forelle und Co und lassen sich stromaufwärts lotsen. Für den Aal wurde eigens ein Aalrohr eingebaut. Den laichbereiten Allesfressern soll so das Wandern flussabwärts erleichtert werden. Um näher an die Fischaufstiegsanlage heranzukommen, kann man sich einer der kostenlosen Führungen durch das Wasserkraftwerk anschließen, die regelmäßig angeboten werden. Ansonsten helfen die am Geländer befestigten Erklärungstafeln.

Adresse Am Großen Garten 70, 30167 Hannover-Nordstadt // **ÖPNV** Stadtbahnlinie 4 und 5, Haltestelle Schaumburgstraße, 1,4 Kilometer zu Fuß der Straße Am Großen Garten folgen und den Westschnellweg unterqueren // **Öffnungszeiten** Besichtigung Wasserkraftwerk mit Fischaufstiegsanlage: Termine über Tel. 0511/430-2607, www.enercity.de // keine Altersbegrenzung // kostenlos

TIPP: Über die Brücke kann man zur frisch renovierten »Wasserkunst« von 1860 gehen, www.hannover.de.

12_ DIE GEDENK-STÄTTE AHLEM

Schatten des Nationalsozialismus

Im ehemaligen Direktorenhaus der Israelitischen Gartenbauschule lässt eine Dauerausstellung die historische Dimension des Geländes und die Geschichte seiner Bewohner wieder lebendig werden. In der vom jüdischen Bankier Moritz Simon 1893 gegründeten Internatsschule konnten jüdische Jungen und Mädchen die Volksschule besuchen und Berufe in den Bereichen Gartenbau und Hauswirtschaft und im Handwerk erlernen, die ihnen in früheren Jahrzehnten verwehrt gewesen waren. Ab 1933 wurde die Ausbildung auf die Auswanderung nach Palästina ausgerichtet. Informationstafeln und Ausstellungspulte dokumentieren die Ausbildung und den Schulalltag. Vor ihrer Schließung im Juni 1942 wurde die Gartenbauschule zu einem der 16 »Judenhäuser« Hannovers. Die Gestapo Hannover richtete hier die zentrale Sammelstelle für Juden aus den ehemaligen Regierungsbezirken Hannover und Hildesheim ein. 2.173 Männer, Frauen und Kinder wurden über Ahlem in Gettos, Konzentrations- und Vernichtungslager deportiert; nur 144 haben überlebt. Noch im März 1945 wurden 59 Menschen in der »Laubhütte« hingerichtet. Anschließend brannte die Gestapo das Gebäude nieder, um Spuren zu vernichten. Die Brandnarben der danebenstehenden Kastanie erinnern an die schreckliche Zeit. An der »Wand der Namen« mit fast 2.900 Namenstafeln wird der Menschen gedacht, die von hier aus deportiert wurden und zu Tode kamen.

Adresse Heisterbergallee 10, 30453 Hannover-Ahlem, www.gedenkstaette-ahlem.de // ÖPNV Stadtbahnlinie 10, Haltestelle Ehrhartstraße/Gedenkstätte Ahlem // Öffnungszeiten Di–Do 10–17 Uhr, Fr 10–14 Uhr, So 11–17 Uhr, offene Führung jeden ersten und dritten So im Monat um 14 Uhr // in der Regel ab achtes Schuljahr // kostenlos

TIPP: Jeden dritten Sonntag im Monat findet um 17 Uhr eine Führung im Haus der Hoffnung statt, dem früheren Mädchenhaus der Israelitischen Gartenbauschule. Das Café Jerusalem hat – außer an Feiertagen – sonntags von 15 bis 18 Uhr geöffnet, Tel. 0511/65580539, Wunstorfer Landstraße 5 (in den Stichweg beim Pflanzenschutzamt einbiegen).

13_DIE GE(O)HEIMNISSE

Auf der Suche nach kleinen Schätzen

Das GPS-gesteuerte Schnitzeljagdsuchfieber greift in vielen Familien um sich. Mittlerweile gibt es mehrere ausgearbeitete Geocachingtouren im Stadtgebiet. Kein Wunder, gilt die Landeshauptstadt doch als Hochburg unter der wachsenden Anhängerschar der Geocacher. Allein 5.000 Caches warten in der Region darauf, entdeckt zu werden. Worum geht es dabei? »Caches« (Verstecke) werden von jemandem gelegt und von anderen gesucht. Manchmal befindet sich ein Logbuch darin, manchmal sind es kleine Tauschgegenstände. Neu sind die anspruchsvollen »Leibniz' Ge(o) heimnisse«, die im Internet kostenlos heruntergeladen werden können (https://coord.info/GC6A3M4).

Eines der Verstecke befindet sich in der Nähe des »goldenen Kekses«, der durch seine Entführung für Furore sorgte. Im Eingangsrätsel mit drei Fragen geht es zum Beispiel darum, wie viele Zähne der berühmte goldene Keks hat. Aus den Lösungen berechnet man nach einer Formel eine Zahl, die in die Koordinaten für das GPS-Gerät oder das Smartphone umgewandelt werden muss. Das ist eine echte Knobelaufgabe für die ganze Familie! 2013 entstanden in Hannover die ersten beiden offiziellen deutschen GeoTouren (gelistet auf geocaching.com), die von der Geocaching Community hoch bewertet werden und sehr beliebt sind. Es locken aber auch die einfacheren »Sattelfesten«, die »Musikalischen« und die »Internationalen« Ge(o)heimnisse. Hier sind Koordinaten und Tipps gleich mit angegeben. Nur ein GPS-Gerät oder Smartphone ist nötig. Dann kann's losgehen.

TIPP: Ein spezielles Angebot von »Geheimpunkt« richtet sich an Schulklassen, dabei geht es um erneuerbare Energien: www.geheimpunkt.de/schulgeocaching.

Adresse zum Beispiel Podbielskistraße 11, 30163 Hannover-List, www.hannover.de; Stichwort Leibniz' Geoheimnisse, Goldener Keks // **ÖPNV** Stadtbahnlinie 3, 7, 9, Haltestelle Lister Platz // Familienausflug oder ab zwölf Jahren // kostenlos

14_ DER GEORGEN-GARTEN

Spielen und Toben im historischen Park

Im Georgengarten standen einst die Landsitze des kurhannoverschen Hofadels – jetzt ist es ein Spielparadies der besonderen Art. Die Grünfläche ist über einen halben Quadratkilometer groß. Sie reicht vom Königsworther Platz bis zu den Herrenhäuser Gärten und ist gestaltet im Stil eines englischen Landschaftsparks. Der Rasen wirkt wie eine natürliche Wiesen-Auenlandschaft, unterschiedliche Baumgruppen laden zum Verweilen, aber auch zum Klettern ein. Der Georgengarten kommt als Naturspielplatz daher und will erkundet werden. Absichtlich bleiben alte Baumstämme auf den Rasenflächen als Spielobjekte liegen, um der Phantasie viel Raum zu geben. Im Sommer trifft man hier picknickende Familien, tobende Kinder genauso wie fußballspielende Jugendliche oder Studenten. Kindergeburtstage können im Freien mit viel Platz für Bewegungsspiele in Eigenregie gefeiert werden. Manche spannen zwischen den Bäumen einen Gurt, auch Slackline genannt, und schon üben die Kinder sich im Balancieren, oder sie klettern in den nächsten Baum. Für den Transport von Getränken und Snacks kann das Auto an der Jägerstraße abgestellt werden. In Richtung Herrenhäuser Gärten sind in der Nähe der Haltestelle »Parkhaus« weitere Spieleinrichtungen vorhanden, am anderen Ende, am Lodyweg, befinden sich ein Spielplatz und eine Skateanlage. An den Wochenenden fahren Kutschen durch den Park. Startpunkt ist der Kiosk am Ende der Herrenhäuser Allee.

TIPP: Sonntags gibt es an ausgewählten Terminen spezielle Kinderangebote im Deutschen Museum für Karikatur und Zeichenkunst, ehemals Wilhelm-Busch-Museum. Öffnungszeiten Di – So und Feiertage 11 – 18 Uhr, Tel. 0511/16999911, www.karikatur-museum.de

Adresse Jägerstraße,
30167 Hannover-Nordstadt //
ÖPNV Stadtbahnlinie 4 und 5,
Haltestelle Schneiderberg //
jedes Alter // kostenlos

15_GRIFFREICH

Flachland war gestern

Immer mehr Menschen begeistern sich fürs Klettern – von ganz klein bis ganz groß. Dafür braucht man jedoch Gipfel, die gestürmt werden können, aber genau die gibt es im norddeutschen Tiefland kaum in natürlicher Form. Deshalb war es höchste Zeit, »g'scheite« Klettermöglichkeiten in Hannover zu schaffen. Der Deutsche Alpenverein (DAV), Sektion Hannover, hat mit der Kletterhalle »GriffReich« neben dem Üstra-Betriebshof in Döhren nun die Voraussetzungen geschaffen, um Seilklettern als Breiten- und Leistungssport auch in der flachen Landeshauptstadt bekannt zu machen.

In der 15 Meter hohen Halle können 100 Kletterer gleichzeitig auf 130 Routen an 6.500 neonfarbigen Griffen beziehungsweise Tritten das klassische Seilklettern lernen und üben. Dabei gibt es Kletterbereiche für zwei Kletterarten: »Vorstieg« für Fortgeschrittene und »Toprope« für Einsteiger. Wer möchte, kann auch draußen an der Außenkletterwand auf 25 Routen klettern oder auf der Slackline balancieren. Es werden Kurse für Anfänger, Kinder und Familien sowie für Senioren und Menschen mit Behinderung angeboten. Allen, die noch nie geklettert sind, wird ein Einsteigerkurs dringend angeraten. In einem kleineren Raum im zweiten Stock befindet sich eine sechs Meter hohe Kletterwand für Schulungszwecke. Daneben ist der Boulderbereich. Hier wird ohne Seilsicherung in Absprunghöhe geklettert. Der mit Matten gesicherte Boden beugt Verletzungen vor. Ein Bistro mit einer Terrasse für schönes Wetter ist vorhanden.

TIPP: Metallblasinstrumente in Hülle und Fülle: Direkt gegenüber liegt seit 1955 Armin Werners Meisterwerkstatt für Musikinstrumente. Öffnungszeiten Mo–Fr 9–18 Uhr und Sa 9–13 Uhr, Tel. 0511/831014, www.werner-musikinstrumente.de

Adresse Peiner Straße 28, 30519 Hannover-Döhren, Tel. 0511/85061200, www.griffreich.de // **ÖPNV** Stadtbahnlinie 1, 2, 8, 18, Haltestelle Peiner Straße // **Öffnungszeiten** Mo, Mi, Fr 15–22.30 Uhr, Di, Do, Sa 10–22.30 Uhr, So 10–20 Uhr // Kurse ab sechs Jahren

16_ DAS HAUS DER JUGEND

Hier schlägt das Herz für Hip-Hop

Das Haus der Jugend wurde 1951 durch den damaligen Bundespräsidenten Heuss eingeweiht und ist das deutschlandweit älteste Haus für Kinder- und Jugendarbeit. Es ist aber keineswegs in die Jahre gekommen, sondern weiter innovativ. Hier werden junge Menschen räumlich und organisatorisch dabei unterstützt, eigene Ideen umzusetzen, teilweise auch in Eigenverantwortung. Musik und Tanz sind die großen Themen im Haus. Jeden Mittwochnachmittag findet das Breakdance-Training für Anfänger und Fortgeschrittene von 8 bis 15 Jahren statt. Grundschritte (Uprocks) sowie akrobatische Bewegungen (Powermoves) werden von einem Breakdance-Experten vermittelt, ebenso die Philosophie der Hip-Hop-Kultur. Ob Hip-Hop, Rap oder Shuffle – alles wird ausprobiert, es finden auch Wettkämpfe, sogenannte Tanzbattles, statt. Kein Wunder, ist das Haus doch einer von mehreren Hip-Hop-Standorten der städtischen Kinder- und Jugendarbeit.

Ob das traditionelle Pfingst-Camp der Hip Hop Community Hannover e. V. weiter an diesem Ort stattfindet oder sich an einem anderen erneuert, ist im Moment offen. Aber vielleicht gibt es wieder ein Akrobatik-Festival. Eine weitere Besonderheit ist das Tonstudio mit seinem professionellen Equipment. Hier können Jugendliche Musik machen und lernen, wie man Töne aufnimmt. Eine Anmeldung ist erforderlich. Ein anderer Schwerpunkt des Hauses ist der Ferienalarm. Spontan können Schüler im »Haus der Ferien« an unterschiedlichsten Workshops teilnehmen. Dann toben schon mal 200 Kinder durchs Haus.

Adresse Maschstraße 22–24, 30169 Hannover, Tel. 0511/168-46634, www.hannover.de // ÖPNV Stadtbahnlinie 1 und 2, Haltestelle Schlägerstraße // Öffnungszeiten je nach Kurs // ab sechs Jahren // meist kostenlos

TIPP: Wochentags ist das Café und Restaurant »NaNas« im Haus der Jugend von 9 bis 18 Uhr geöffnet. Hier finden auch die Kinder-Kochkurse »Die Topfstars« statt.

17_ DER HERMANN-LÖNS-PARK

Hörspaziergang mit Wiesengeschichten

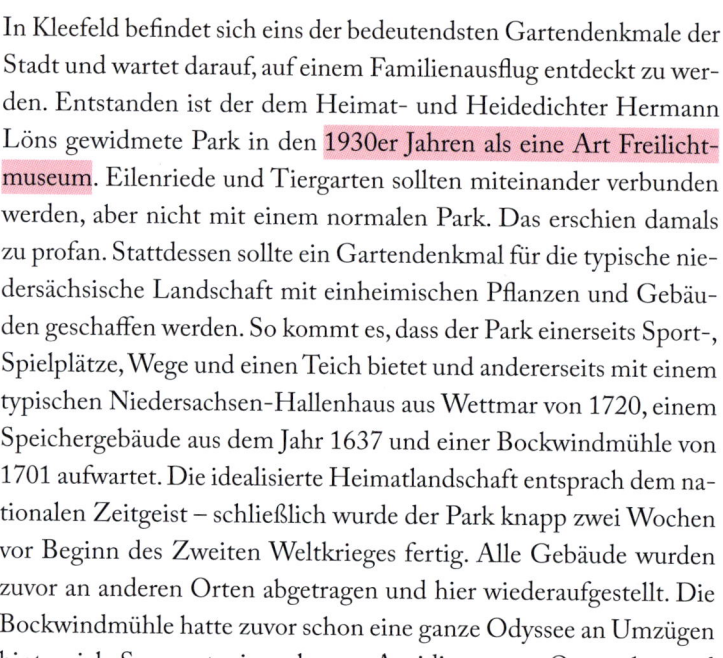

In Kleefeld befindet sich eins der bedeutendsten Gartendenkmale der Stadt und wartet darauf, auf einem Familienausflug entdeckt zu werden. Entstanden ist der dem Heimat- und Heidedichter Hermann Löns gewidmete Park in den 1930er Jahren als eine Art Freilichtmuseum. Eilenriede und Tiergarten sollten miteinander verbunden werden, aber nicht mit einem normalen Park. Das erschien damals zu profan. Stattdessen sollte ein Gartendenkmal für die typische niedersächsische Landschaft mit einheimischen Pflanzen und Gebäuden geschaffen werden. So kommt es, dass der Park einerseits Sport-, Spielplätze, Wege und einen Teich bietet und andererseits mit einem typischen Niedersachsen-Hallenhaus aus Wettmar von 1720, einem Speichergebäude aus dem Jahr 1637 und einer Bockwindmühle von 1701 aufwartet. Die idealisierte Heimatlandschaft entsprach dem nationalen Zeitgeist – schließlich wurde der Park knapp zwei Wochen vor Beginn des Zweiten Weltkrieges fertig. Alle Gebäude wurden zuvor an anderen Orten abgetragen und hier wiederaufgestellt. Die Bockwindmühle hatte zuvor schon eine ganze Odyssee an Umzügen hinter sich. So musste sie vorher am Aegidientor, am Opernplatz und am Engesohder Friedhof weichen.

Ein 50-minütiger Hörspaziergang lädt zu »Wiesengeschichten« ein. Start ist an der Infotafel vor dem Annateich. Den QR-Code mit dem Smartphone scannen oder die Datei unter www.hermann-loens-park-hoeren.de laden. Zudem gibt es Leihgeräte im Restaurant »Alte Mühle«.

Adresse Hermann-Löns-Park, 30559 Hannover-Kirchrode // **ÖPNV** Stadtbahnlinie 5, Haltestelle Annastift, den Elsa-Winokurow-Weg nehmen und Ausschilderung folgen // jedes Alter // kostenlos

TIPP: Im Parkrestaurant »Alte Mühle« kann man sich stärken, www.alte-muehle.de.

18_ DER HEXEN-SPIELPLATZ

Fitnesscenter an der frischen Luft

Hinter den prächtigen Häusern des Philosophenviertels versteckt sich am Rande der Eilenriede der Schmachteberg. Sein Name kommt nicht etwa daher, dass Gefangene im Mittelalter an diesem Ort geschmachtet und gedarbt haben. Der Name bezieht sich auf die forstliche Ertragsklasse des Standorts. Hier werden die Bäume mangelhaft versorgt und sind kleiner als ihre Artgenossen. Vielleicht kam man auch deshalb auf die Idee, auf dem Spielplatz Bäume kopfüber aufzustellen. Nackte Wurzeln ragen hilflos in den Himmel. Sie sind das Erkennungsmerkmal des Schmachtebergs, der keine noch so klitzekleine Erhöhung zu bieten hat, dafür aber den »Hexenspielplatz« mit seinen in den Himmel ragenden Baumwurzeln, die wie Hexenbesen aussehen, und die Turngeräte auf der Fitnesswiese.

Zwölf Gerätestationen sind neben dem Spielplatz aufgebaut, um Kreislauf, Vitalität und Beweglichkeit in unterschiedlichsten Fitnessgraden zu trainieren. Insgesamt 17 verschiedene Übungen können an den Multifunktionsgeräten ohne weitere Vorbereitungen durchgeführt werden. Klassiker wie Barren und Ringe brauchen keine Erklärungen. Für alle anderen sind die Übungen zum Strecken, Beugen und Dehnen leicht verständlich mit Bildern direkt am Gerät erklärt – wie an der Beinpresse, die müden Adduktoren auf die Sprünge hilft. Die Geräte können mit jedem Fitnesscenter mithalten. Der Vorteil: Man absolviert die Übungen kostenlos an der frischen Luft.

TIPP: Das »Tanara« ist das einzige zypriotische Restaurant in Deutschland. Der familiengeführte Betrieb lockt mit authentischen Gerichten aus dem Lehmofen und moderaten Preisen. Öffnungszeiten Mo–So 17–23 Uhr, Tel. 0511/559371, Scheidestraße 20, www.tanara-hannover.de

Adresse Kaulbachstraße, 30625 Hannover-Kleefeld // **ÖPNV**
Stadtbahnlinie 4 und 5, Haltestelle Uhlhornstraße, und dem
Weg in der Eilenriede folgen // jedes Alter // kostenlos

19_ DIE HINDENBURG-SCHLEUSE

Faszination Technik

Schiffsschleusen faszinieren die Kleinen und die Großen. Und besonders die, die sich für Technik interessieren. Grundsätzlich geht es darum, die Niveauunterschiede einer Wasserstraße mit Hilfe von fest verschließbaren Kammern zu überwinden. Schon die Griechen und die Römer haben sich in grauen Vorzeiten daran versucht. Hannovers Stunde schlug später. 1905 hatte man den Bau des Mittellandkanals beschlossen, um die großen Flüsse quer durch Deutschland zu verbinden. Ein Höhenunterschied von circa 15 Metern musste überwunden werden. Klarer Fall: Eine Schleuse musste her.

Zwischen 1919 und 1928 entstand Hannovers bedeutendstes Wasserbauwerk, die damals größte Binnenschleuse Europas. Alleine fünf Jahre brauchte man, bis die Baugrube der Schleuse ausgehoben war. 600.000 Kubikmeter Gestein fielen an, die später beim »Kronsberg« entsorgt wurden. Zur Einweihung 1928 kam Reichspräsident Hindenburg persönlich und wurde sogleich Namensgeber. Die Doppelschleuse verfügt über zwei Schleusenkammern. Sie ist 225 Meter lang, zwölf Meter breit und an den Enden mit schweren Hub- und Klapptoren versehen. Gesäumt werden sie von 20 eleganten Ventilhäusern mit rotem Anstrich. Vom Geländer aus kann man beobachten, wie die Schiffe per Funkanweisung innerhalb von 20 Minuten »ein- und ausgeschleust« werden. Und es sind nicht wenige. Jährlich werden bis zu 22.000 Schiffe durchgeschleust. Da gibt es immer etwas zu sehen – und zu winken.

TIPP: In der Gaststätte Schützenhaus Anderten kann man sich nicht nur stärken, es gibt dort auch eine Kegelbahn, die gemietet werden kann. www.schuetzenhaus-anderten.de

Adresse An der Schleuse, 30559 Hannover-Anderten // **ÖPNV**
S-Bahn 3 und 7, Haltestelle Bahnhof Anderten-Misburg, dann
Bus 370, Haltestelle Hindenburgschleuse // **Öffnungszeiten**
Besichtigung der Schleuse nur am Tag des Denkmals möglich,
von der Schleusenplattform ist die gesamte Anlage
jedoch jederzeit einsehbar // jedes Alter // kostenlos

20_DIE HUNDEHÜTTE IM 96-STADION

EDDIs Zuhause

Die 96-KIDS haben ein Maskottchen: EDDI. Der riesengroße Plüschhund im 96-Trikot taucht in Schulen, auf Geburtstagsfeiern und natürlich bei Heimspielen von Hannover 96 auf. Er steht für Fotos zur Verfügung, gibt Autogramme oder schüttelt die Hände. Wer bitte schön ist denn auf diese Idee gekommen? Nein, es war keine Werbeagentur, hier kommt die wahre Geschichte: Der braune Welpe war eines Tages plötzlich da und schnüffelte in den Gängen der HDI-Arena. Am nächsten Morgen trottete er wieder durch die Arena, schnupperte hier, scharrte da, erbettelte sich ein Stückchen Wurst von dem Mitarbeiter, der gerade den Rasen mähte. Als die Fußballspieler nach dem Training zurück in ihre Kabine kamen, lag der Hund zusammengerollt auf einem 96-Handtuch und war durch nichts zu bewegen, seinen Platz wieder zu verlassen. Alle Versuche herauszufinden, wer sein Herrchen oder Frauchen ist, blieben erfolglos. Der Hannoversche Schweißhund mit der faltigen Stirn und den braunen Augen blieb und wurde so zum Maskottchen.

Eine Umfrage im Sommer 2013 unter den Schülern der 96-Partnerschulen ermittelte den Namen: EDDI! Seitdem ist die Hundehütte wichtiger Treffpunkt für alle KIDS-Veranstaltungen. Unter dem Stichwort: EDDIs Rudel – der 96-KIDS Club gibt es übrigens viele Aktionen für alle kleinen begeisterten 96er.

Adresse HDI-Arena, Robert-Enke-Straße 1, 30169 Hannover-Mitte, Tel. 0511/96900151, Anfragen an 96@kids@hannover96.de, www.hannover96.de/kids // **ÖPNV** Stadtbahnlinie 3, 7 und 9, Haltestelle Waterloo, oder Bus 100 bis Haltestelle HDI-Arena, Hundehütte, Südvorplatz // jedes Alter

TIPP: Das Stadionbad in der Robert-Enke-Straße 5 – Turmspringen live und hautnah miterleben. An der Unterwasser-Glaswand am Sprungbecken kann man beobachten, wie Springer ins Wasser eintauchen. Wegen der vielen Wettkämpfe unbedingt die aktuellen Öffnungszeiten erfragen unter Tel. 0511/168-45411 oder www.hannover.de.

www.hannover96.de/kids

21_DER IRRGARTEN

Der Weg ist das Ziel

Als die Stadt Hannover den Großen Garten in Herrenhausen 1936 kaufte, blickte der Barockgarten schon auf eine fast 300-jährige, recht wechselvolle und stets spannende Geschichte zurück. Bei der anschließenden Renovierung des damals verwahrlosten Gartens wurden acht Sondergärten angelegt (Niederdeutscher Rosen-, Rasen-, Blumen- und Springwassergarten sowie Insel-, Renaissance-, Barock- und Rokokogarten). Außerdem wurden die Hainbuchenhecken für den Irrgarten gesetzt. Dem Irrgarten liegt ein Plan von 1674 zugrunde, vermutlich von dem Gartenplaner Henry Perronet.

Schon damals waren Irrgärten beliebte Gestaltungselemente in der Gartenkunst. Verzweigte Wege sollen mit Kreuzungen, Sackgassen und Wegschleifen für Unübersichtlichkeit sorgen und den Orientierungssinn des Besuchers im wahrsten Sinne des Wortes in die Irre führen. Im Unterschied zum Labyrinth, wo nur ein Weg ohne Verzweigung in die Mitte führt, gibt es im Irrgarten mehrere Möglichkeiten. Das ist auch im Großen Garten so. Überkopfhohe und im Sommer blickdichte Hainbuchen bilden einen achteckigen Grundriss und sind von einem Kiesweg umgeben. Von dort gehen vier kleine Wege ab und führen zum Zielplatz in der Mitte der Anlage. Wo jetzt ein Holztempel steht, befand sich früher eine Vogelvoliere. Insgesamt sind die Hecken 500 Meter lang. Wer den kürzesten Weg findet, braucht nur 15 Meter bis zur Mitte. Von der erhöhten Aussichtsterrasse hat man einen Blick auf den Irrgarten und natürlich auf die barocke Anlage des Gartens.

TIPP: Direkt nebenan befindet sich das neu erbaute Schloss Herrenhausen, www.schloss-herrenhausen.de.

Adresse Herrenhäuser Straße 4, 30419 Hannover-
Herrenhausen, www.hannover.de/herrenhausen //
ÖPNV Stadtbahnlinie 4 oder 5, Haltestelle Herrenhäuser
Gärten // **Öffnungszeiten** täglich ab 9 Uhr,
je nach Jahreszeit bis spätestens 20 Uhr // jedes Alter

22_DER JULIUS-TRIP-WEG

Mit Kind und Kegel auf dem Rad-Rundweg

Hannover gilt als eine der grünsten deutschen, wenn nicht gar europäischen Großstädte. Diese beeindruckenden Wald-, Grün- und Parkflächen kann man auf einer 25 Kilometer langen Fahrradtour erkunden. Man muss nur den Hinweisschildern des Julius-Trip-Rings folgen. Egal, ob man diesen Weg in kleinen Etappen oder als gesamten Rundkurs absolviert, die Tour richtet sich an Familien mit kleinen und großen Kindern, die sich stadtnah erholen und dabei etwas sehen und erleben möchten.

Das Wegenetz verbindet den Maschsee und die Flussufer von Leine und Ihme mit Herrenhausen, dem Großen Garten und dem Georgengarten. Es zieht im Norden einen Bogen zum Schulbiologiezentrum nach Hainholz, führt weiter an Kleingärten vorbei zur Eilenriede und zur Waldstation, streift den Stadtteil Waldheim mit dem Mountainbike-Parcours und führt zurück zum Strandbad am Maschsee. Zwischendurch locken Ausflugslokale wie die Waldgaststätte »Bischofshol«.

Benannt wurde dieser Radrundweg nach dem ersten Stadt-Gartendirektor Hannovers, der in der Zeit von 1897 bis 1907 zahlreiche neue Gartenanlagen schuf, wie zum Beispiel den Maschpark und die vordere Eilenriede, sowie die Anlage von Kleingärten förderte. Hannover verdankt seinen Ruf als »Stadt der Gärten« seinem prägenden Einfluss. Der neue Radweg soll an seine vorausschauende Arbeit erinnern.

TIPP: Sollte die Fahrt zu lang werden, kann man an vielen Punkten das Fahrrad in die Straßenbahn packen. Gerade am Wochenende ist das kein Problem.

Adresse Rudolf-von-Bennigsen-Ufer, 30173 Hannover-Südstadt, Informationen zur herunterladbaren Fahrradkarte unter www.hannover.de // **ÖPNV** Stadtbahn 1, 2 oder 8, Haltestelle Döhrener Turm, von hier ist der Fahrradweg mit den Hinweisschildern »Julius-Trip-Weg« ausgeschildert // jedes Alter // kostenlos

23_DER KINDER-FLOHMARKT

Nachwuchs für den Altstadtflohmarkt

Auf dem seit 2016 stattfindenden Kinderflohmarkt kann nach Herzenslust gebummelt, gestöbert und gefeilscht werden. Der kleine Bruder des hannoverschen Flohmarkts findet von April bis Oktober an jedem zweiten Samstag auf der Freifläche vor dem Ballhof im Herzen der Altstadt statt, nur wenige Meter vom großen Bruder am Hohen Ufer entfernt. Zum Verkauf angeboten werden Kinderkleidung, -spielzeug, -bücher, Rollschuhe, Fahrräder – kurz, alles, was das Kinderherz begehrt – oder Dinge, deren Anschaffung Eltern oder Großeltern für notwendig erachten. Sogar komplette Babyausstattungen können hier erstanden werden. Was sie auf dem Kinderflohmarkt nicht finden, ist industriell gefertigte Neuware. Der Verkauf dieser Produkte ist ausdrücklich nicht gestattet.

Den Flohmarkt Hannover gibt es seit über 50 Jahren, er ist der älteste Trödelmarkt dieser neuzeitlichen Form in Deutschland. Ins Leben gerufen wurde er 1967 von dem Aktionskünstler Reinhard Schamuhn. Nach zähen Verhandlungen mit der Stadt Hannover durfte in der Altstadt Trödel verkauft werden. Die Idee dazu ist ihm beim Besuch des Pariser »Marché aux puces« gekommen. »Puces« nennt man in Frankreich Flöhe. Der Volksmund prägte diesen Namen, weil die Kleidungsstücke hygienisch manchmal zu wünschen übrig ließen. Davon ist auf dem Kinderflohmarkt selbstverständlich nichts zu spüren.

Adresse Ballhofplatz, 30159 Hannover-Mitte ÖPNV Stadtbahnlinie 7 bis Markthalle/Landtag, weiter über Lein- und Burgstraße // **ÖPNV** Stadtbahnlinie 7 bis Markthalle/Landtag, weiter über Lein- und Burgstraße // **Öffnungszeiten** April–Okt. jeden zweiten Sa 9–12 Uhr; Verkäufer sollten gegen 8 Uhr vor Ort sein; Anmeldung ist nicht erforderlich, 5 Euro Gebühr pro 1 Meter Tisch // jedes Alter // kostenlos

TIPP: In den historischen Räumen einer ehemaligen Fleischerei in der Knochenhauerstraße 25 (bitte auf die Tierköpfe über der Eingangstür achten!) gibt es bei Toni frisch gebackene, knusprige Pizza, die stückweise und nach Gewicht verkauft wird. Öffnungszeiten täglich 12–21 Uhr, Tel. 0511/44986741

24_DAS KINDER-KRANKENHAUS

Da muss man doch keine Angst haben

Die meisten Kinder sind zum Glück gesund. Aber immer wieder kommt es vor, dass ein Kind ins Krankenhaus muss, und davor haben viele Angst, weil sie nicht wissen, was sie erwartet. Das Kinder- und Jugendkrankenhaus »Auf der Bult« bietet schon seit über 30 Jahren kostenlose Führungen für Kinder an, um ihnen diese Angst zu nehmen. Das Angebot richtet sich primär an Kindergarten- und Hortkinder sowie Grundschulklassen.

Erste Station der Krankenhaustour ist das Kennenlernen eines Inkubators (Brutkasten), in dem sonst die Frühchen liegen. In dem Originalbett mit den runden Eingriffslöchern liegt natürlich kein neugeborenes Kind, sondern eine Puppe. Beeindruckt sind die Kinder von dem Bett mit den Klappen trotzdem, auch von der winzigen Spezialwindel. Weiter geht es in ein Untersuchungszimmer. Mit dem Stethoskop hören die Kinder das Herz eines anderen ab. »Bum, bum, bum macht es!«, staunt eine Fünfjährige. In der Radiologie bekommen die Kinder den großen Computertomografen und Röntgenaufnahmen zu sehen. Eine zeigt eine verschluckte Hello-Kitty-Spange, die zum Glück auf natürlichem Wege wieder nach draußen befördert wurde. Besondere Attraktion ist das Anlegen eines Gipsverbandes, in der Regel eine Manschette am Unterarm. Die Kinder gehen auch in ein Krankenzimmer und dürfen den Patienten Fragen stellen. Am Ende können die kleinen Besucher noch vom Balkon aus in die Babyabteilung gucken. Nach circa einer Stunde endet der Rundgang.

Adresse Janusz-Korczak-Allee 12, 30173 Hannover-Bult, Kontakt: Susann Wittorf, Mo–Fr 8–16 Uhr unter Tel. 0511/81151111 oder wittorf@hka.de, www.auf-der-bult.de // **ÖPNV** Stadtbahnlinie 6, Haltestelle Kinderkrankenhaus Auf der Bult // ab vier Jahren // kostenlos

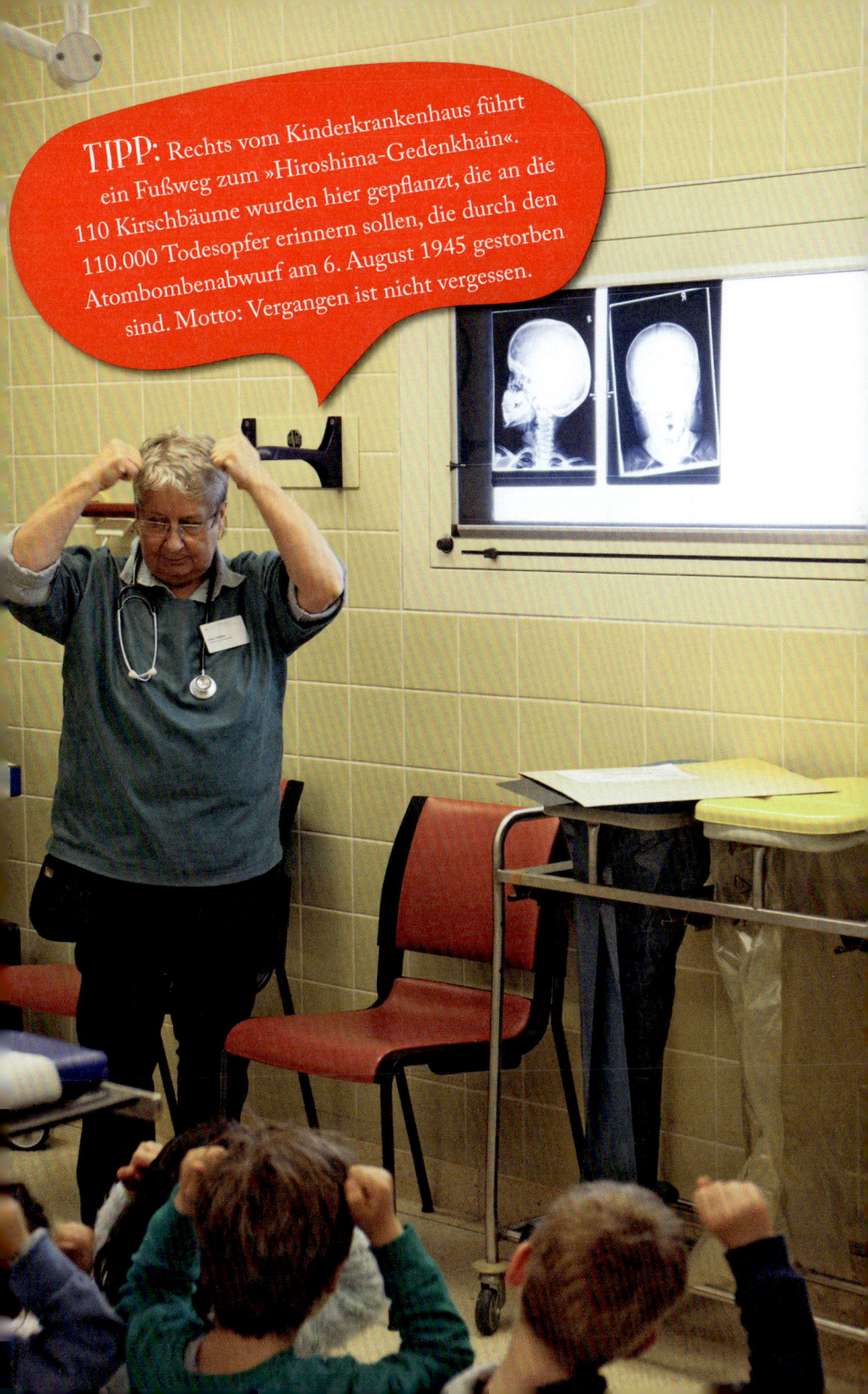

TIPP: Rechts vom Kinderkrankenhaus führt ein Fußweg zum »Hiroshima-Gedenkhain«. 110 Kirschbäume wurden hier gepflanzt, die an die 110.000 Todesopfer erinnern sollen, die durch den Atombombenabwurf am 6. August 1945 gestorben sind. Motto: Vergangen ist nicht vergessen.

25_ DAS KINDER-MUSEUM ZINNOBER

Anfassen ist Trumpf

Zinnober ist ein Mitmachmuseum mit Wohlfühlfaktor und keins mit Vitrinen, in denen jahrelang Ausstellungsstücke und schwer verständliche Erklärtexte verstauben. Drei Ausstellungen – die Ideen stammen in der Regel von Kindern – werden jedes Jahr konzipiert. Alle sind zum Mitmachen eingeladen und ebenso zum sinnlichen Erleben. Bei dem vergleichsweise kleinen Etat wird vieles selbst hergestellt oder aus anderen Museen und Einrichtungen zusammengetragen. Die Angebote richten sich immer an unterschiedliche Altersgruppen und werden sehr sorgfältig und vorausschauend vorbereitet. Riechen, fühlen, schmecken oder sehen ist mindestens genauso wichtig wie das Lesen von Informationen. Vielfach können die jungen Besucher auch selbst aktiv und kreativ werden, etwa indem sie sich verkleiden, Aufgaben lösen oder ihre Eindrücke in Bildern verarbeiten.

Vor einem Besuch sollte man sich über die aktuelle Ausstellung informieren. Montags bis freitags steht das Museum vormittags vor allem Kindergartengruppen und Schulklassen zur Verfügung. Der Sonnabend ist für Kindergeburtstage oder private Kinderfeiern reserviert. Am Sonntag ist Familienprogramm für Kinder und Erwachsene. Das Museum gibt es seit dem Jahr 2014. Die 300 Quadratmeter sind mit von Schülern gestalteten Bildern und Möbeln eingerichtet.

Adresse Badenstedter Straße 48, 30453 Hannover-Linden, Tel. 0511/89733466, www.kindermuseum-hannover.de // **ÖPNV** Stadtbahnlinie 9 bis Haltestelle Bernhard-Caspar-Straße, von dort 5 Minuten Fußweg über die Bernhard-Caspar-Straße // **Öffnungszeiten** Mo–Fr 9–17 Uhr, So 11–17 Uhr // von etwa vier bis zwölf Jahren

TIPP: Auf der anderen Seite der Badenstedter Straße geht es zum Lindener Berg. Hier kann man im April/Mai die Sciliablüte auf dem Stadtfriedhof am Lindener Berg erleben und hinterher im Biergarten Lindener Turm einkehren, Familienportionen im Angebot. Am Lindener Berge 29a, Tel. 0511/76355251, www.lindener-turm.de

26_DAS KINDER-THEATERHAUS

Auf den Brettern, die die Welt bedeuten

Natürlich werden im KinderTheaterHaus auch Theaterstücke gezeigt. Jedes Jahr gibt es bis zu drei Neuinszenierungen für Kinder von drei bis zwölf Jahren. Das gespielte Repertoire umfasst circa 20 lustige, freche oder nachdenkliche Stücke, manche auch mit musikalischer Untermalung. Der Anspruch des Hauses geht jedoch über das bloße Unterhalten hinaus. Im KinderTheaterHaus will man für und mit Kindern Theater machen.

So bietet das Klecks-Theater zum Beispiel einen Theaterkurs für Kinder und Jugendliche auf der Basis eines Shakespeare-Stücks an. Das junge Ensemble setzt sich nicht nur mit der gängigen Spielweise auseinander. Stattdessen wird die Interpretation der jungen Darsteller in den Mittelpunkt der Arbeit gestellt. Dabei verstehen sich die Theaterpädagogen des Hauses als Anstifter, wollen Lotse, Kapitän oder Leichtmatrose an Bord eines Phantasiedampfers sein, der zusammen mit den Kindern oder jugendlichen Akteuren auf großer Fahrt in unbekannte Gebiete steuert. Die unterschiedlichen theaterpädagogischen Projekte werden zusammen mit Kindergärten und Partnerschulen durchgeführt. Am Anfang steht das Erkunden von Theaterräumen, dann werden Spiele und Übungen auf der Bühne ausprobiert.

Aber auch ohne Kurs kann die Bühne erobert werden. Nach jeder Vorstellung können die Kinder die »echten« Schauspieler sprechen, das Bühnenbild erkunden und sich die Requisiten anschauen. Das passiert ganz zwanglos und rundet den Theaterbesuch ab.

TIPP: Das denkmalgeschützte Gebäude des »Alten Magazins« war einst das Kulissendepot des königlichen Hoftheaters. Eine Besichtigung lohnt!

Adresse Kestnerstraße 18, 30159 Hannover-Mitte,
Tel. 0511/816981, www.kindertheaterhaus-hannover.de // ÖPNV
Bus 121 bis Haltestelle Lavestraße // ab Kindergartenalter

27_DER KINDERWALD

Mein Freund, der Baum

Vor über 20 Jahren wurde im Nordwesten Hannovers ein Teil des Mecklenheider Forsts zum Kinderwald erklärt. Das Mitmachprojekt für Kinder und Jugendliche hat die einstige sieben Hektar große Brachfläche durch gemeinsames Anpacken in eine grüne Oase mitten in der Stadt verwandelt. Seit 1996 wird das Areal gemeinsam von Kindern, Jugendlichen und Betreuern gestaltet, bepflanzt und bespielt, was das Zeug hält. Überall wuchern Blumen, Büsche und Bäume, viele sind mit einem Steckbrief versehen. Ein Amphitheater ist entstanden und lockt zu Vorführungen und Zusammenkünften, die kleine Insel im gestauten Bachlauf der Desbrocksriede lädt zum Verweilen, Spielen und Experimentieren ein. Rund um die Uhr kann das Gelände ohne Anmeldung auf eigene Faust entdeckt werden.

Es gibt aber auch feste Gruppen und spezielle Angebote in Form von Workshops, Camps oder Festen, die sich an Kinder oder Familien richten. Bis zu 400 Angebote sind es im Jahr, die auf dem Halbjahresprogramm im Internet eingesehen werden können. Gemeinsam erkundet man den Wald, sucht Wanderstöcke und bearbeitet sie, baut Flöße oder erwirbt ein Schnitz-Diplom für Taschenmesser. Es gibt auch Weidebau- und Naturforscheraktionen, Keschern und Marionettenbau. Die Angebote dauern etwa drei bis vier Stunden. Um eine Anmeldung wird gebeten.

TIPP: Die Ausbuchtung am Mittellandkanal mit dem Nordhafen dient der Schifffahrt als Wendestelle und ist durch ein blaues Schifffahrtszeichen gekennzeichnet. Hier können Wendemanöver, An- und Abfahrten von Schiffen oder das Be- und Entladen der Schiffe auf der Hafenseite beobachtet werden.

Adresse Mecklenheider Forst, Stelinger Straße, 30179 Hannover-Mecklenheide, Tel. 0511/168-42606, www.kinderwald.de // **ÖPNV** Bus 490/491 bis Haltestelle Hansastraße, von dort 15 Minuten zu Fuß, oder Stadtbahnlinie 6 bis Endstation Nordhafen, von dort circa 25 Minuten zu Fuß über Schulenburger Landstraße durch Mecklenheider Forst // von vier bis 18 Jahren

28_DIE KRÖKELBAR
Tischfußballspiel im Bundesleistungszentrum

Die Krökelbar im Helmkehof in Hainholz gilt seit 2009 als erste Adresse für Tischfußball und steht jedem offen. Die zwölf Kickertische aus verschiedenen Ländern werden auf 250 Quadratmetern höchsten Qualitätsansprüchen gerecht. Tischfußball ist schließlich Leistungssport. Hervorgegangen ist die Krökelbar aus einer Initiative der Hannoverkicker und der Krökelgemeinschaft Badenstedt. Mittlerweile gehören die Spieler zur Tischfußball-Sparte von Hannover 96. Die Pokale sprechen Bände: Der Verein ist achtfacher deutscher Meister (viermal hintereinander) und Europameister von 2013, der 16-jährige Marvin Velasco gewann 2015 die Juniorenweltmeisterschaft.

Montag bis Freitag treffen sich ab 18 Uhr Anfänger, Hobbyspieler und Profis an den Kickertischen oder am Billardtisch. Jeden ersten und dritten Freitag im Monat findet von 20 bis 23 Uhr ein Hobbyturnier statt. Wer kommt, bezahlt Ballgeld an der Theke am Eingang des Raumes, dafür darf er dann so viele Bälle spielen, wie er möchte. An der Theke warten Besonderheiten wie Cola mit Kaffee oder Lakritz.

Nach Anmeldung können Kindergeburtstage mit bis zu 20 Gästen ab zehn Jahren für drei Stunden hier gefeiert werden. Ein Trainer weist die Kinder fachmännisch in das Tischfußballspiel ein, gibt Tipps und verrät Tricks. Mit einem gewissen Maß an Geschick und Konzentrationsfähigkeit lässt sich das Spiel schneller als gedacht beherrschen. Essen und Getränke dürfen mitgebracht werden.

Adresse Helmkestraße 5a, 30165 Hannover-Hainholz, www.kroekelbar.de, Tel. 0511/7276891 oder 0177/9388195 // **ÖPNV** Stadtbahnlinie 6 ab Aegidientorplatz bis Hainholzer Markt // **Öffnungszeiten** Mo – Fr 18 – 22 Uhr // ab zehn Jahren

TIPP: In der Voltmerstraße 36 befindet sich der »Kulturhof Hainholz« mit vielen Angeboten, Tel. 0511/3504588, www.kulturtreffhainholz.de.

29_DER KRONSBERG

»Hannover hebt ab« – bist du Sonntag dabei?

Hannover liegt nun wirklich im Flachland. Da sind sich alle einig. Trotzdem gibt es zwei Hügel, die in der Höhe miteinander wetteifern. Das eine ist der künstliche »Nordberg« der Mülldeponie in Lahe, der andere heißt Kronsberg und ist ein etwa sechs Kilometer langer natürlicher Hügelrücken zwischen Messegelände und Expo-Park. Durch den Aushub der Expo-Baustelle wuchs er von 104 Metern auf 118 Meter an und hat nun fast die Höhe des Müllbergs erreicht. Früher bewaldet, wurde der Kronsberg später gerodet und fast ausschließlich landwirtschaftlich genutzt.

Während im 19. Jahrhundert hier traditionell die Militärparaden abgehalten wurden, lädt jetzt jeden Sonntag der Drachenclub »Hannover hebt ab« ab circa 13 Uhr zum gemeinsamen Fliegen oder Klönen auf der Wiese »Almende« vor dem Nordhügel des Kronsberges ein – natürlich nur, wenn es das Wetter zulässt. Die unterschiedlichsten Drachen kommen dann zum Einsatz und dürfen bis zu 100 Meter hoch steigen. Vom Kinderdrachen bis zur Strandmatte ist alles dabei. Der Drachenclub organisiert auch das alljährliche Drachenfest. Es findet zwischen Sticksfeld und Feldbuschwende statt und hat ein Begleitprogramm für große und kleine Drachenliebhaber, einschließlich Nachtfliegen mit beleuchteten oder angestrahlten Drachen. Darüber hinaus bietet der Drachenclub Drachenbaukurse in Schulen, Freizeitheimen oder Kindergärten an.

TIPP: Wander- und Fahrradwege durchziehen das gesamte Gebiet und bieten sogar einen Fernblick vom Gipfelkreuz. Zwischen Orchideen, Wegwarten oder Knollen-Platterbsen tummeln sich hier etwa 300 Schmetterlingsarten wie der Schwalbenschwanz.

Adresse zwischen Sticksfeld und Feldbuschwende, 30539 Hannover-Kronsberg // **ÖPNV** S-Bahn 6, Haltestelle Kronsberg, dann links halten und durch die Straßen Richtung Hügel gehen // jedes Alter // kostenlos

30_ DER KUNSTRAD-STÜTZPUNKT

Turnen auf dem Rad

Seit 1980 gibt es in Ahlem den Stützpunkt für Einrad- und Kunstradfahren. Das günstigste Einstiegsalter für das Kunstradfahren liegt etwa bei sechs bis sieben Jahren. Interessierte sind eingeladen, sich das Training anzusehen und vielleicht eines der 17 Kunstfahrräder und 15 Einräder auszuprobieren. Für den Anfang braucht man nur ein paar Turnschuhe und normale Turnkleidung. Die ganz besonderen Räder werden gestellt, sind jedoch nur in der Halle zu gebrauchen.

Dem Kunstrad fehlen Bremsen, Schaltung, Lichter und Reflektoren. Der Lenker sieht aus wie ein Rennradlenker, lässt sich aber um 360 Grad drehen. Außerdem verfügen die Räder über Spezialreifen und einen rutschfesten Sattel, auf dem die Kunstradfahrer turnen. Die Übungen werden von den Sportlern zu einer Kür zusammengesetzt und dann unterlegt von Musik in Wettkämpfen vorgeführt und von einer Jury bewertet. Das Einrad hat – wie der Name schon sagt – nur ein Rad. Der Fahrer sitzt freihändig auf dem Bananensattel, die Hände können zum Balancieren zu Hilfe genommen werden. Kleinere Einräder sind wendiger und eignen sich besser für Einradtricks, größere Einräder laufen ruhiger und ermöglichen höhere Geschwindigkeiten. In circa 1.500 Vereinen sind hierzulande zurzeit etwa 10.000 Hallenradsportler aktiv. Gäste sind herzlich zu Turnieren eingeladen.

Adresse Sporthalle Heisterbergschule, Petit-Couronne-Straße 30, 30453 Hannover-Ahlem, Tel. 0511/402438 // **ÖPNV** Stadtbahnlinie 10 bis Haltestelle Ahlem, Richard-Lattorf-Straße folgen und links in Zielstraße // **Öffnungszeiten** Trainingstage Kunstrad/Einrad: Mo und Fr 16 – 18 Uhr, Termine können wegen Wettkämpfen abweichen, bei Interesse am Schnuppertraining bitte vorher kontaktieren unter www.vfk-hannover-ev.de // ab sechs Jahren // Probetraining kostenlos

TIPP: Genau gegenüber der Schule führt ein kleiner Fußweg zum »Asphaltstollen«. Hier wurde bis 1926 Asphalt abgebaut, während des Zweiten Weltkrieges diente er als Konzentrationslager. Auf dem ehemaligen Lagergelände steht seit 1994 eine Gedenkstätte für die Opfer des KZ.

31_DER KUPPEL-AUFZUG

Der Weg ist das Ziel

Als Hannovers Altvordere das »Neue Rathaus« planten, wurde nicht gekleckert, sondern geklotzt. Dank der Industrialisierung stand Hannover finanziell gut da. Ein schlossähnlicher Prachtbau im wilhelminischen Stil wurde am damaligen südlichen Stadtrand errichtet und dazu eine passende Parkanlage geschaffen. Und alles bar bezahlt, wie Stadtdirektor Tramm bei der Einweihung 1913 zum Kaiser sagte.

Schon von Weitem sticht das prachtvolle Gebäude ins Auge. Im Inneren findet sich jedoch eine Besonderheit, die es in sich hat. Um auf die knapp 100 Meter hohe Aussichtsplattform im Turm der Kuppel zu gelangen, muss man in einen Kuppelaufzug steigen. Und der ist einzigartig in Europa. Der Fahrstuhl hat einen bogenförmigen Fahrverlauf und folgt der Kuppel in einer Parabel. Von 1913 bis 2007 wurde der Fahrkorb auf dampfgebogenen Eichenschienen geführt. Nach seiner Erneuerung spricht man von einem Bogenaufzug, der im Winkel von bis zu 17 Grad 50 Meter zur Kuppelgalerie hochsteigt. Durch ein Fenster im Dach der Fahrstuhlkabine kann die Fahrt nach oben verfolgt werden. Auch nach unten ist das möglich. Durch Knopfdruck öffnet sich ein Fenster im Boden der Kabine und gibt den Blick nach unten frei. Nach dem Aufzugsausstieg geht es über eine Wendeltreppe zur Aussichtsebene. Von hier aus liegt einem nicht nur die Stadt zu Füßen, bei guter Sicht hat man auch den Deister und den Harz im Blick. Im Foyer gibt es Stadtmodelle aus verschiedenen Epochen, auch vom kriegszerstörten Hannover.

Adresse Trammplatz 2, 30159 Hannover-Mitte, Tel. 0511/16845333 // ÖPNV Stadtbahnlinie 1, 2, 4, 5, 8, Haltestelle Aegidientorplatz // Öffnungszeiten Mitte Mai–Mitte Nov. Mo–Fr 9.30–18 Uhr, Sa, So und Feiertage 10–18 Uhr // ab vier Jahren

Rathaus

TIPP: Auf der dem Maschpark zugewandten Seite liegt das Rathaus-Bistro »Gartensaal« in den repräsentativen Räumen der alten Stadtkasse, Öffnungszeiten 15. Mai – 31. Aug. 11 – 22 Uhr, 1. Sept. – 15. Mai 11 – 18 Uhr, Tel. 0511/16848888.

32_ DAS LANDES- MUSEUM

Wir gehen aber erst in ein paar Stunden

... sagte ein achtjähriger Junge während des Besuchs der »Natur-Welten« begeistert zu seiner Mutter. Und das muss man wirklich anerkennen: Das Landesmuseum Hannover hat sich mit dem Ausstellungskonzept »WeltenMuseum« neu erfunden und wendet sich in besonderem Maße an Kinder und Eltern.

In der unteren Etage gibt es die »NaturWelten«, in der ersten die »MenschenWelten« und in der oberen die »KunstWelten«. Hier ist für jeden Geschmack etwas dabei. Die »NaturWelten« schaffen eine in Norddeutschland einzigartige Verbindung von aktuellen und vergangenen Lebensformen. In der Ausstellung befinden sich zwei Großterrarien. Eines davon beherbergt das Skelett eines Plateosaurus, zwischen dessen Beinen mehrere quicklebendige Bartagamen (Schuppenkriechtiere) herumturnen. 200 verschiedene Wassertierarten aus unterschiedlichsten Lebensräumen werden gezeigt. Aquarien, Terrarien und Schaukästen befinden sich in Kinderaugenhöhe. Touchscreens, Videostationen und interaktive Spiele helfen dabei, die Lebensräume von Harz bis Heide und Kanaren bis Karibik selbstständig zu entdecken.

Ein ausgefeiltes museumspädagogisches Konzept bietet Zeitreisen, Schaufütterungen, Aktionsprogramme, Mitmachstationen und sogar Ausflüge an. Bei Kindergeburtstagen kann ein Blick hinter die Kulissen geworfen werden.

Adresse Willy-Brandt-Allee 5, 30169 Hannover-Mitte, Tel. 0511/9807686, landesmuseum-hannover.de // **ÖPNV** Stadtbahnlinie 10, 17, Haltestelle Aegidientorplatz // **Öffnungszeiten** Di – Fr 10 – 17 Uhr, Sa, So 10 – 18 Uhr // ohne Altersbegrenzung // freitags von 14 bis 17 Uhr kostenlos (bis auf Sonderausstellungen)

TIPP: Direkt gegenüber vom Eingang befindet sich im Maschpark ein Spielplatz, wo Kinder nach Herzenslust toben können.

33__DAS LASERTAG FUN CENTER

Räuber und Gendarm, Version 2.0

Auf 700 Quadratmetern bietet das Lasertag FUN Center die größte Erlebnisarena der Stadt und Region. »Tag« (englisch) heißt fangen. Bis zu 26 Spieler tauchen ein in eine andere Welt. Dunkel ist es hier, nebelig, schwarze, klebrige Fetzen versperren teilweise die Sicht. Die Spieler durchstreifen das schwarze Labyrinth, queren den spiegelnden Nebelraum mit den fünf wehrhaften Superzielen und holen Punkte, Punkte, Punkte. Während der 20-minütigen Erlebnis-Mission tragen die Spieler Lasertag-Westen mit leuchtenden Lichtsensoren. Während des Spiels »schießen« die Teilnehmer mit Phasern, ungefährlichen Infrarotsignalgebern. Die »Munition« besteht aus Licht. Die Weste ist drahtlos mit dem Computer verbunden. Gezählt werden die Treffer des Sensors, die nicht zu fühlen sind. Ein grüner Lichtstrahl dient zusätzlich zur Visualisierung.

Die Arena wird mit 77 Schwarzlichtröhren und Neonfarben ausgeleuchtet. Dazu gibt es Blitztunnel, zwei große Diskothekenlaser und eine Aroma-Beduftung. Alles mutet an wie aus einer anderen Welt und soll für das ultimative futuristische Erlebnis sorgen. Empfohlen werden drei Spieldurchgänge, zwischen denen jeweils eine 20-minütige Pause liegt. Das Spiel entstand in den 1980er Jahren in Amerika und ist durch die Serie »How I Met Your Mother« bekannt geworden. Es gibt spezielle Angebote für Geburtstage sowie für Schulklassen. Kinder sollten mindestens 1,30 Meter groß sein.

Adresse Am Brabrinke 14 (die Arena liegt direkt an der Hildesheimer Straße), 30519 Hannover-Wülfel, Tel. 0511/8800, www.hannover.lasertag-fun-center.de // **ÖPNV** Stadtbahnlinie 1 und 2, Haltestelle Am Brabrinke // **Öffnungszeiten** Mo–Do 16–21 Uhr, Fr 15–24 Uhr, Sa und So 9–24 Uhr, für Gruppen nach Vereinbarung, Reservierung empfohlen // ab zehn Jahren

TIPP: Nach der »Dunkelkammer« lockt das lichtdurchflutete italienische Familienrestaurant »Giovanni R.« mit Stärkungen. Hildesheimer Straße 30, Tel. 0511/84901140

34_AUF LEINE UND IHME

Er hat ein knallrotes Paddelboot

Hannover liegt nicht am Meer. Trotzdem kann man es vom Boot aus erkunden und erlebt so eine völlig neue Sicht auf die Stadt. Das Zauberwort heißt Kanu. Je nach Alter kann man mit oder ohne Begleitung in Gruppen von zwei bis 200 Personen auf verschiedenen Touren durch Hannover paddeln. Eine vorherige Anmeldung ist erforderlich, damit die Kanus samt Paddeln und Schwimmwesten zum verabredeten Zeitpunkt bereitstehen. Als Erstes erfolgt eine Einweisung in Technik und Sicherheit, dann kann es losgehen.

Eine der beliebtesten Einsetzstellen für Kanus ist das Leinewehr am Schnellen Graben. Die Tour führt unter Steinbrücken hindurch, die nur von der Wasserseite und aus der Flussperspektive zu bestaunen sind. Dann geht es zum »Leineponton« und weiter Richtung »Strandleben«, Hannovers alternativem Beachclub in der Nähe des Sportzentrums der Universität. Auf dem aufgeschütteten Sandstrand ist eine erste Pause möglich. Danach geht die etwa dreistündige Rundtour weiter über die Ihme und den Schnellen Graben, am Ihmezentrum vorbei, zurück zum Startpunkt. Alternativ kann man auch an der Limmer Schleuse einsteigen und die Ihme aufwärtspaddeln oder einen Startpunkt in Laatzen/Grasdorf wählen. Der Weg ist das Ziel bei diesen Touren, auf denen man Hannover und seine Uferböschungen aus der Entenperspektive kennenlernen kann. Mittlerweile kann man die Touren mit einer GPS-Schatzsuche verbinden.

> **TIPP:** Bei Hausnummer 2 im Ferdinand-Wilhelm-Fricke-Weg befindet sich der älteste »Fußball«-Verein Deutschlands, »Hannover 78«, obwohl dort nie »richtig« Fußball gespielt wurde, sondern »Rugby Football«.

Adresse Leinewehr, über: Ferdinand-Wilhelm-Fricke-Weg 2b, 30169 Hannover-Mitte, www.kanuverleih-hannover.de oder www.paddeltouren.de // **ÖPNV** Stadtlinie 3 und 7, Haltestelle Stadionbrücke, und Richtung HDI-Arena gehen, hinter der Brücke, an der abknickenden Vorfahrt, rechts in Ferdinand-Wilhelm-Fricke-Weg und bis zum Flussufer // **Öffnungszeiten** Kanuverleih täglich 10 – 18 Uhr // Eltern ohne Erfahrung mit dem Boot wird eine Fahrt mit Kindern ab zehn Jahren empfohlen, ansonsten ohne Altersbegrenzung, Rettungswesten sind auch für Kinder zwischen null und 15 Kilo vorhanden.

35_LINDEN

Spielerisch den Stadtteil erkunden

Linden ist ein sehr selbstbewusster Stadtteil mit vielen versteckten Hinweisen auf seine Geschichte und die Bedeutung, die er einst hatte. Will man zusammen mit Kindern hier Neues entdecken, hilft das kostenlose Stadtteilerkundungsspiel, das auf der Seite »Linden entdecken« angeboten wird. Dabei geht es zum Beispiel um die Fragen, wo und was die Wachsbleiche ist oder was eigentlich im Hochbehälter von Hannovers Wasserversorgung auf dem Lindener Berg untergebracht ist. Die Loseblattsammlung kann heruntergeladen und ausgedruckt werden. Das von der Lindener Geschichtswerkstatt erstellte Spiel umfasst insgesamt 45 Aufgaben, die sich gut in vier Etappen durchführen lassen.

Der erste Aufgabenteil führt die Kinder vom Lindener Berg über Linden-Süd zum Von-Alten-Garten und stellt Fragen zu verschiedensten Denkmälern und Gebäuden. Der zweite Teil startet wieder auf dem Lindener Berg und arbeitet sich zum Lichtenbergplatz vor. Im dritten Teil geht es vom Küchengarten in Richtung Linden-Nord. Im vierten Teil drehen sich die Fragen um Limmer und das Freizeitheim Linden. Ziel des Spiels ist es, den Kindern die Geschichte, Merkmale und Besonderheiten des Stadtteils Linden näherzubringen. Dabei ist es nicht erforderlich, alle Fragestellungen in der vorgegebenen Reihenfolge zu bearbeiten. Eher sind sie als Anleitung und kleine Hilfestellung zu verstehen, mit offenen Augen durch seine Umgebung zu gehen, sich Denkmäler genauer anzusehen oder einfach nur Fragen zu stellen.

TIPP: Auf der Homepage www.linden-entdecken.de gibt es weitere Hinweise zu Webseiten für Kinder, alle nach Alter gestaffelt.

Adresse Start: Am Spielfelde, 30449 Hannover-Linden, www.linden-entdecken.de/stadtteilrundgaenge // **ÖPNV** Stadtbahnlinie 3 und 17, Haltestelle Allerweg, weiter mit Bus 100 bis Haltestelle Charlottenstraße, weiter zu Fuß über Deisterplatz und Wachsbleiche // **Öffnungszeiten** Geschichtswerkstatt Mo 10–12 Uhr, Anmeldung unter Tel. 0511/168-40184 oder FZH Linden 0511/168-44667

36_DER LISTER TURM

Hier ist vielleicht was los!

Das Stadtteilzentrum Lister Turm an der Eilenriede ist kein moderner Zweckbau wie in den meisten übrigen Stadtteilen Hannovers, sondern befindet sich in einem märchenhaft anmutenden historischen Gebäude direkt am Waldrand. Einst Wartturm, Forsthaus, Ausflugslokal und Musikhochschule, ist es nun seit über 40 Jahren eine Einrichtung der Stadtteilkultur mit einem vielfältigen Programm. Durch die Nähe zu einem der größten Stadtwälder Europas bot es sich an, mit Umweltpädagogen Waldtouren und Naturangebote rund um den Lister Turm zu entwickeln.

Es gibt insgesamt vier unterschiedliche Touren, sie sind als Exkursionen für Gruppen buchbar. Mal wird der Wald als Lebensraum gezeigt, mal dient er als Kreativwerkstatt, dann wieder erzählt der Wald seine Geschichten oder stärkt durch seine Aufgaben das Team. Die Angebote sind nach Alter gestaffelt. Kindergeburtstage mit einer Führung auf dem Naturerlebnispfad sind für Kinder ab fünf Jahren möglich, ebenso eine Räuberrallye oder eine Rallye durch den Stadtteil List – mit oder ohne Stadtteilführerin. Wer es gerne wilder hat, kann in den Kurs der ZumbaKids, die ultimative Tanz- und Fitnessparty für kleine Zumba-Fans ab sieben Jahren, gehen. In der Kindertheatergruppe »Spätzle« werden Stücke zusammen mit erfahrenen Theaterpädagogen selbst entwickelt. Außerdem gibt es eine inklusive Percussiongruppe und ein inklusives musikalisches Ensemble.

Adresse Walderseestraße 100, 30177 Hannover-List // **ÖPNV** Stadtbahnlinie 3, 7, 9 bis Haltestelle Lister Platz // **Öffnungszeiten** Mo–Sa 8–23 Uhr, So 9–19 Uhr, Anmeldungen und Informationen für Kurse unter Tel. 0511/16842402 oder www.hannover.de // ab fünf Jahren // vieles kostenlos

TIPP: Auf der Rückseite, direkt am Waldrand, liegt einer von Hannovers idyllischsten Biergärten, Öffnungszeiten täglich 11.30–23 Uhr, Tel. 0511/6965603, www.odysseus-hannover.de.

37_DIE MALZEIT AN DER PODBI

Keramik. Farben. Und Du.

Gebrauchskeramik selbst zu bemalen ist ein großer Spaß für Jung und Alt. In der MalZeit an der Podbi können Kinder, Jugendliche oder Erwachsene aus über 200 unterschiedlichen Keramikrohlingen auswählen und sie unter Anleitung und mit Hilfsmitteln wie verschiedenen Pinseln, Vorlagen, Schablonen, Stickern bemalen. Und das Schöne: Es gelingt immer – auch ohne Vorkenntnisse. Der Rohling wird mit speziellen Grundierungsfarben bemalt. Dann heißt es: trocknen lassen und danach mit Verzierungsfarben verfeinern (über 60 verschiedene Farbtöne). Neben den Hilfsmitteln stehen zur Anregung fertige Muster bemalter Keramiken bereit. Nach dem Bemalen wird das Keramikstück vom MalZeit-Team glasiert, anschließend gebrannt und kann in der Regel nach drei Tagen abgeholt werden.

Es gibt Rohkeramiken von Tellern, Bechern, Tassen, Schalen, Vasen, Kinderartikeln und vielem mehr in verschiedenen Formen, Größen und Preisklassen. Farben, alle Hilfsmittel sowie das Glasieren und Brennen sind im Preis für die Rohlinge enthalten. Die Räumlichkeiten sind auch ideal nutzbar für Kinder- oder Jugendgeburtstage sowie für jede andere Art von Gruppenveranstaltung. Ein Kindergeburtstag kann zum Beispiel mit einem Kuchenessen an festlich gestalteter Tafel beginnen, danach wird der Platz vom MalZeit-Team in einen kreativen Arbeitsplatz verwandelt. Auch eine große Auswahl an Kalt- und Heißgetränken steht zur Abrundung des Malerlebnisses bereit.

TIPP: Die »Hofbäckerei«, Hannovers urigste Bäckerei, liegt an der Podbielskistraße 107. Im fast 100 Jahre alten und mit Kohlebriketts befeuerten Kachelofen wird direkt neben der Verkaufstheke gebacken. Mo–Fr 6–18 Uhr, Sa 6–12 Uhr, So 8–11 Uhr

Adresse Podbielskistraße 71, 30177 Hannover-List, www.malzeit-hannover.de // **ÖPNV** Stadtbahnlinie 3, 7, 9, Haltestelle Lortzingstraße // **Öffnungszeiten** Mi 15–19 Uhr, jeden ersten Mi im Monat bis 21.30 Uhr, Do, Fr 13–19 Uhr, Sa 10.30–18 Uhr, So 13–17 Uhr; individuelle Absprachen sind möglich, Tel. 0511/54306143, Öffnungszeiten können abweichen // ab Kindergartenalter

38_ DER MASCHSEE

Getümmel auf dem Wasser

Kinder lieben Bootsfahrten. Auf dem Maschsee, immerhin Hannovers größtes Binnengewässer, kann man solche auf unterschiedlichste Arten unternehmen. Möglich ist von April bis November ein ganz gemütlicher Familienausflug mit Kind und Kegel in einem der Fahrgastschiffe der Maschseeflotte. Die fast einstündige Fahrt kann an jeder der sechs Haltestellen im Sinne von Hop-on-Hop-off unterbrochen und wieder aufgenommen werden. Während des Maschseefestes gibt es sogar Piratenfahrten. Wer ein bisschen mehr Bewegung möchte, kann sich von April bis Anfang Oktober ein Tret-, Paddel- oder Ruderboot entweder am Nordufer oder in Höhe des Altenbekener Damms ausleihen. Besonders beliebt sind der VW Käfer und der Schwan.

Noch sportlicher geht es auf den Segelbooten zu, die bei auffrischendem Wind mit ihren Segeln bunte Farbtupfer aufs Wasser setzen. Segeljollen, Optis oder Topper können von Segelscheinbesitzern ausgeliehen werden. Kein Schein vorhanden? Kein Problem! Die Yachtschule Hannover bietet nicht nur Erwachsenen-, sondern auch spezielle Kindersegelkurse auf dem Maschsee an. Auf der gegenüberliegenden Seeseite gibt es mehrere Ruder- und Kanusportvereine, die hier regelmäßig mit ihren Booten trainieren. In den letzten Jahren hat sich der Mannschaftssport im Drachenbootsport enorm gemausert. Das vom Hannoverschen Kanu-Club von 1921 e. V. organisierte Drachenboot-Festival Hannover ist das größte in Deutschland. Ach so: Schwimmen kann man natürlich auch im See. Am Südufer im Strandbad Maschsee.

TIPP: Am Nordufer steht ein denkmalgeschützter Kiosk, der Eis und andere Leckereien bereithält.

Adresse Arthur-Menge-Ufer, 30169 Hannover-Mitte **// ÖPNV** Stadtbahnlinie 3,
7 oder 10 bis Haltestelle Waterloo, 900 Meter weiter über Waterloostraße **//**
Öffnungszeiten Üstra-Boote April–Ende Okt. täglich 11–17 Uhr, Hauptsaison
Mitte Mai–Mitte Sept. 10–18 Uhr, Tel. 0511/700950, Yachtschule
Tel. 0511/882314, www.yachtschule-hannover.de, Bootsverleih Maschsee Nord,
Tel. 0511/884940, Kanu-Club von 1921 e. V., Tel. 0511/14160 **//** jedes Alter

39___DIE MITTELLAND-KANALBRÜCKEN

Guck doch mal nach oben

Mitten durch Hannover führt seit über 100 Jahren der Mittelland-kanal, an dessen Brücken und gerade Linienführung sich alle längst gewöhnt haben. Gemächlich gleiten Frachtkähne dahin, und Kinder winken von den Brücken. Doch vor 20 Jahren kam plötzlich wieder Bewegung in den damaligen Jahrhundertbau. Der moderne Binnenschifffahrtsverkehr brauchte breitere Wasserstraßen, der Mittellandkanal musste dem veränderten »Lichtraumprofil« angepasst werden. Im Klartext: Der Kanal wurde verbreitert, und fast alle Brücken mussten neu gebaut werden.

Im hannoverschen Bereich machte man aus der Not eine Tugend und schuf ein weiteres Refugium für die Naherholung. Kanalbegleitende Wege wurden angelegt und laden nun Klein und Groß zum Spazierengehen und Radeln ein. Dabei sollte man immer wieder den Kopf heben, wenn man unter einer der neuen Brücken durchfährt. Gerade die Unterseiten der 19 Brücken sind in ihrer Unterschied-lichkeit echte Hingucker. Eine erinnert von unten an das Skelett eines Wals, folgt aber den technischen Systemvorgaben des »Langer'schen Balkens«. Die Ingenieure haben das Prinzip der Stabbogenbrücke in unterschiedlichsten Variationen umgesetzt. Der Laie staunt: Wer trägt hier was? Der Versteifungsträger den Bogen oder der Bogen den Ver-steifungsträger? Pünktlich zur Expo 2000 waren die Brücken fertig. Natürlich kann man sich auch weiterhin einfach auf eine der Brücken stellen und den vorbeifahrenden Schiffen zuwinken.

Adresse zum Beispiel Noltemeyerbrücke, 30659 Hannover-Bothfeld //
ÖPNV Stadtbahnlinie 3, 7, 9 bis Haltestelle Noltemeyerbrücke,
dann rechts Richtung Kanal gehen; in beiden Richtungen gibt es Brücken
zu bestaunen // jedes Alter // kostenlos

TIPP: Am Buchholzer Bogen führt die hölzerne Plattform des Japaners Kawamata über eine Ausgleichs-Flachwasserzone. Gedacht als Bühne mit dem Kanal als Bühnenbild, bietet sie unerwartete Blickwinkel.

40_ DER MOUNTAIN-BIKE-PARCOURS

Hier stimmt der Flow

Lange haben Hannovers Mountainbiker um einen offiziellen Parcours in der Eilenriede gekämpft. Es dauerte, die Bedenken bei den Naturschützern auszuräumen und ein geeignetes Grundstück zu finden. Die Wahl fiel 2015 auf den Rodelberg in Waldhausen. Das 2.000 Quadratmeter große Gelände wurde um eine Erdhügellandschaft mit Kurven und Wellen erweitert, die im Fachjargon »Pumptrack« heißt. Der Slang ist kein Zufall, war die Geburtsstunde des Mountainbikes doch in den 1970er Jahren in Kalifornien. Nun stimmt auch hier der »Flow«, der Lauf, wie der Mountainbiker sagt. Der neue Rundkurs kann flüssig absolviert werden, die Räder bleiben in Schwung, auch wenn die Fahrer nicht mehr treten.

Geplant wurde die Strecke von einem Landschaftsarchitekten, der selbst Mountainbike fährt. Angelegt wurde sie von den Auszubildenden des Fachbereichs Stadtgrün. Mittlerweile gibt es auch noch eine »Dirtline« mit vier aneinandergereihten Sprunghügeln als Ergänzung zum »Pumptrack«. Die Hügel haben eine Höhe von 1 bis 1,90 Meter. Das Gelände ist öffentlich und wird von keinem Verein betrieben. Es gibt keine Aufsicht, nur an einer Tafel angeschlagene Regeln, an die sich jeder halten sollte. Die 250 Meter lange Strecke hält einige Schwierigkeiten für Jugendliche ab zwölf Jahren bereit. Jüngere Kinder können unter Aufsicht ihrer Eltern kleinere Streckenabschnitte zum Üben nutzen. Geeignet ist der Parcour sowohl für Mountainbikes als auch für BMX-Räder.

Adresse Eilenriede, Nähe Adolf-Ey-Straße, 30519 Hannover-Waldhausen // **ÖPNV** Stadtbahnlinie 1, 2 und 8, Haltestelle Döhrener Turm, und dem Weg in die Eilenriede folgen // ab zwölf Jahren, mit Aufsicht früher

TIPP: Ein lauschiges Picknickplätzchen liegt am Arthur-Menge-Brunnen auf der anderen Straßenseite der Haltestelle. Erreichbar ist es über den Vierthaler Weg.

41_ DAS MUSEUM AUGUST KESTNER

Das Haus im Haus

Einmal im Monat gibt es im Museum August Kestner das Famili-englück am Sonntag. Dann wird für drei Stunden ein Mitmach-Programm zu unterschiedlichen Themen angeboten, das jede Menge Spaß und Kreativität für die ganze Familie verspricht. Das Schöne dabei: Jeder wählt sein Zeitfenster selbst. Noch einen Schritt weiter geht die Kinderakademie. Sie richtet sich an Besucher von sieben bis zwölf Jahren, die neugierig auf geschichtliche Themenkreise sind und Lust haben, diese auf spannende und kreative Weise zu entdecken.

Mal wird wie bei den alten Römern »gekocht«, mal werden antike Münzen untersucht oder endlich alle Fragen zur Hieroglyphen-Schrift und dem Leben der Kinder im alten Ägypten beantwortet. Dazu gibt es viele Angebote für Kindergeburtstage wie »Schminken und kleiden wie im alten Ägypten«, als »Kleine Archäologen« aktiv werden oder sich als Schmuckbastler betätigen.

Das älteste Museum Hannovers entstand bereits 1889 und hält eine Besonderheit bereit: Die ursprüngliche alte Villa ist als Haus im Haus erst auf den zweiten Blick erkennbar. Sie beherbergt immer noch die von August Kestner Anfang des 19. Jahrhunderts in Italien zusammengetragene Sammlung ägyptischer und griechisch-römischer Kleinkunst. Dazu gehören auch zwei ägyptische Mumien. Eine davon ist eine junge Frau. An ihr wurden mit Hilfe der modernen Gerätemedizin Untersuchungen durchgeführt, die auf Schautafeln dokumentiert sind. Außerdem gibt es viele spannende Sonderausstellungen mit besonderen Angeboten und Programmen.

TIPP: Von hier aus lohnt sich ein Abstecher zum Hohen Ufer, den Nanas und dem frisch renovierten Landtag.

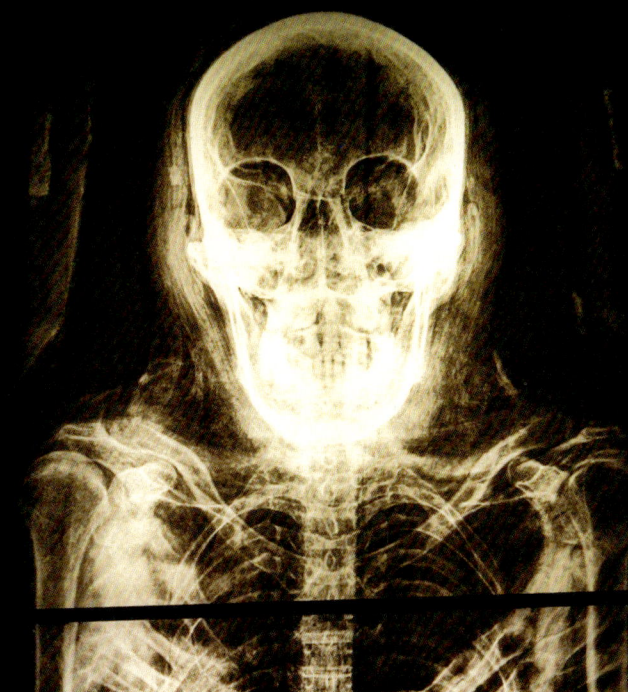
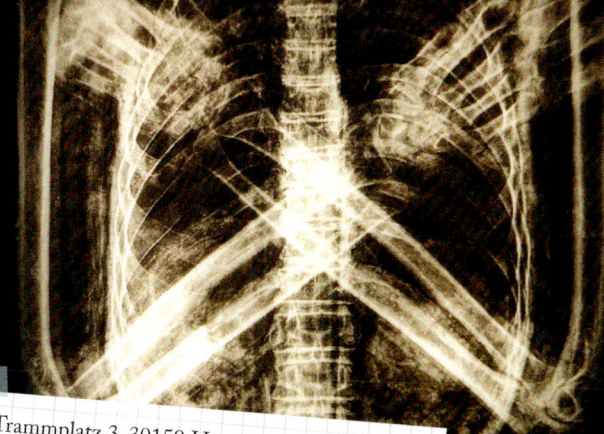

Adresse Trammplatz 3, 30159 Hannover-Mitte, Tel. 0511/168-42730, www.museum-august-kestner.de // ÖPNV Stadtbahnlinie 3, 7, 9, Haltestelle Markthalle/ Landtag // Öffnungszeiten Di–So 11–18 Uhr, Mi 11–20 Uhr // ab fünf Jahren // freitags kostenlos

42_DAS MUSEUM FÜR ENERGIEGESCHICHTE(N)

Technik im Wandel der Zeit

Kinder wachsen heute ganz selbstverständlich mit technischen Geräten wie Computer oder Handy auf. Ohne Energie wäre all das nicht möglich. Das Museum will die Geschichte der Energie veranschaulichen und zeigen, wie sehr Gas und Strom das Leben seit dem 19. Jahrhundert verändert haben. Und Hannover war dabei immer ganz vorne dabei.

Die Personalunion des Königshauses Hannover mit England spülte technische Innovationen wie die Gaslaterne von der Insel direkt an den Welfenhof. Ab 1826 wurde Hannover als erste Stadt auf dem europäischen Kontinent beleuchtet, auch wenn die lichtschwachen Gaslaternen von Hand angezündet werden mussten. Ein gut erhaltenes Exemplar ist im Erdgeschoss zu sehen. Der Großteil der Ausstellung beschäftigt sich mit elektrischen Alltagsgeräten. Schnell wird deutlich, wie eine technische Innovation von der anderen abgelöst wurde. Emil Berliners Grammofon und seine schwarzen Schellackplatten stehen neben einem Tonbandabspielgerät aus den 1960ern, bei dessen Anblick sich die Kinder verwundert die Augen reiben, schließlich kennen manche nicht einmal mehr CDs. Die »Dauerwellenmaschine« von Wella Junior scheint einem Gruselfilm entstiegen zu sein. Das Museum hat aber nicht nur den Anspruch, alte Geräte zu zeigen. Es informiert auch mit Vorträgen und Filmen und lädt zu praktischen Experimenten ein. Deshalb sind gerade Schüler gern gesehene Gäste.

Adresse Humboldtstraße 32, 30169 Hannover-Mitte, Tel. 0511/897474900, www.energiegeschichte.de // **ÖPNV** Stadtbahnlinie 9 und 17, Haltestelle Schwarzer Bär // **Öffnungszeiten** Di–Fr 9–16 Uhr (außer an Feiertagen), Führungen jeweils am ersten Fr im Monat 14.30–16 Uhr // ab Vorschulalter // kostenlos

TIPP: Gleich um die Ecke gibt es City-Balloon, das Ballon-Fachgeschäft für jede Art von Fest. Goetheplatz 1, 30169 Hannover, Tel. 0511/64207990, Öffnungszeiten Mo – Sa 10 – 19 Uhr, www.cityballoon.de

43_NEONGOLF

Schwarzlicht Minigolf

Minigolf hat ein angestaubtes Image, dabei gibt es die genormten Anlagen nach Plänen des Schweizer Gartenbauarchitekten Paul Bongni erst seit 1954. Viele wissen auch nicht, dass es eine Leistungssportart mit eigener Bundesliga ist, tauchen doch selten Berichte darüber in den Medien auf. Jetzt haben findige Tüftler dieses Familienfreizeitvergnügen aus dem Schattendasein gleich ganz in die Dunkelheit verlegt. Wir haben keine Ahnung, wer die Idee für die Darkrooms zuerst hatte, mittlerweile hat sich Schwarzlicht-Minigolf jedoch zur Trendsportart gemausert, und die Anlagen schießen wie Pilze aus dem Boden: Berlin, Hamburg, Bremen, Düsseldorf, Oldenburg, sogar Rügen. Hannover kann seit Dezember 2017 mithalten.

Von den 1.000 Quadratmetern auf einer Etage des ehemaligen Brinkmann-Hauses ist die Hälfte zu kunstvoll gemalten oder gesprayten Themenwelten umgestaltet worden. Grellbunt gestaltete Wände werden mit Schwarzlichtleuchten und spektakulären Licht- und Soundeffekten geheimnisvoll in Szene gesetzt. Kraken, Algen und Fische tummeln sich in der Unterwasserlandschaft, Inka-Dschungel und Weltraum bieten andere Überraschungen. Die zur Verfügung gestellten 3-D-Plasmabrillen schieben die Farben Rot, Orange und Lila in den Vordergrund und sorgen für ungewohnte Effekte. Mittendrin liegen einfarbig gestaltete Spielbahnen, nur die Einfassungen, Schläger und Bälle leuchten im Schwarzlicht. Einige der Neongolfbahnen sind Standard-Minigolfbahnen, andere sind interaktive Eigenkonstruktionen.

TIPP: Im Café »Tante Käthe« werden Omas Rezepte zu neuem Leben erweckt, dabei wird Wert auf Bioprodukte gelegt. Heiligerstraße 4, www.deinbeans.de

Adresse Heiligerstraße 16, 30159 Hannover-Mitte, www.neongolf.de // **ÖPNV** Stadtbahnlinie 3, 9, 10 bis Haltestelle Kröpcke // ab fünf Jahren

44_DAS OPERNHAUS

Kinderkonzerte mit Heini, dem kleinen Vampir

»Oper und Klassik? Nein danke.« Das sagen viele, weil sie nie einen Zugang zur klassischen Musik bekommen haben. Die Kinderkonzerte im Opernhaus setzen genau dort an. Dreimal pro Schuljahr spielt das Niedersächsische Staatsorchester sonntags und montags um elf Uhr Themenkonzerte, die sich an Kinder ab sechs Jahren richten, sogar Kissen zum Erhöhen der Sitzfläche stehen zur Verfügung.

Durchs Konzertprogramm führt Heini, der kleine Vampir, der in seinem spinnwebenbehangenen Sarg sitzt. Zum Leben erweckt wird er von einer Puppenspielerin des Figurentheaters Marmelock. Mit seinen lockeren Sprüchen und Fragen sorgt er für eine entspannte Atmosphäre und so manchen Lacher. Er redet den Dirigenten genau wie den Schlagzeuger keck mit dem Vornamen an. »Dich hab ich doch schon beim letzten Mal kennengelernt.« Zwischendurch wird das Publikum mit Fragen, Hörrätseln und anderen Aufgaben zum Mitmachen ins Geschehen einbezogen – danach wird wieder konzentriert zugehört. Das Programm dauert jeweils eine Stunde und vergeht wie im Fluge.

Ein besonderes Highlight ist jedes Jahr das große Kinderfest in der Oper. In allen Foyers und auf der großen Bühne gestalten Musiker, Tänzer, Sänger und andere Mitarbeiter der Oper ein abwechslungsreiches Programm mit vielen Aktionen. Kinder zwischen sechs und elf Jahren können ihren Geburtstag in der Oper, bei einem Workshop mit maximal elf Freunden feiern. Durch Musizieren und Theaterspielen lernen Sie die aktuellen Kinderproduktionen der Staatsoper kennen.

Adresse Opernplatz 1, 30159 Hannover-Mitte // **ÖPNV** Stadtbahnlinie 9, 3, 10 bis Haltestelle Kröpcke // **Öffnungszeiten** Kartenverkauf: Mo–Fr 10–18.30 Uhr, Sa 10–14 Uhr, Tel. 0511/9999-1111, www.staatstheater-hannover.de, Anmeldung zum Kindergeburtstag über: meike.kreilkamp@staatstheater-hannover.de // ab sechs Jahren

TIPP: Bei »Giovanni L.«, in einem 400 Quadratmeter großen Eistempel auf drei Etagen, warten 150 verschiedene Eissorten darauf, entdeckt zu werden. Georgstraße 26 (Kröpcke), Öffnungszeiten Mo–Sa 10–21 Uhr, So 12–18 Uhr, www.giovannil.com

45_ DIE PIT-PAT-ANLAGE

Stoßen mit Geschick

Am Rande des Georgengartens steht neben der Minigolfbahn eine der wenigen Pit-Pat-Anlagen Deutschlands. Genau wie beim Minigolf spielt man Pit-Pat auf 18 Bahnen. Gemeinsam ist beiden Spielen, dass es darum geht, einen Ball mit möglichst wenigen Schlägen ans Ziel zu bekommen. Und hier enden schon die Gemeinsamkeiten. Beim Pit-Pat schlägt man nicht, man stößt, und zwar mit einem Spielstock, dem Queue. Er ist aus Metall und deutlich kürzer als beim Billard. Tatsächlich ist Pit-Pat eine Kombination aus Minigolf und Billard.

Der 1984 von zwei Brüdern in Ingolstadt entwickelte Freizeitsport wird auch Hindernis-Billard genannt. Auf 18 Tischen sind die unterschiedlichen Hindernisse aufgebaut. Mal sind es schräge Hürden, mal kleine Körbe. Auf Bahn drei muss der Ball auf dem Turmplateau liegen bleiben, und auf Bahn 18 müssen alle Kegel abgeräumt werden. Die Tischbeine sind in unterschiedlichen Farben gehalten ebenso wie die zur Verfügung gestellten Bälle. Jede Farbe stellt einen anderen Härtegrad dar. Deshalb kann die eine Sorte Hartgummibälle wie ein Flummi hüpfen und die andere schwerfälliger sein. Die Ergebnisse werden wie beim Minigolf auf Spielblöcken notiert. Nach sechs Stößen ist Schluss, und man notiert sich eine Sieben, wenn man nicht am Ziel ist. Beim Pit-Pat geht es um Geschicklichkeit und Konzentration. Eine Mindestgröße von 120 Zentimetern ist für den richtigen Stand vorm Tisch erforderlich, dann ist es ein Spaß für die ganze Familie oder den Kindergeburtstag.

> **TIPP:** Gleich gegenüber liegt das »Café in der Steintormasch«, Di–So ab 11 Uhr mit durchgehend warmer Küche, Tel. 0511/7000717.

Adresse In der Steintormasch 5, 30167 Hannover-Nordstadt, Tel. 0151/58228251 // **ÖPNV** Stadtbahnlinie 4 und 5, Haltestelle Schneiderberg // **Öffnungszeiten** (bei fast jedem Wetter) Di–So ab 11 Uhr, Mo ab 13 Uhr, in den Schulferien auch ab 11 Uhr // ab acht Jahren

46_DER PLATZ AN DER VELVETSTRASSE

Spielerisch den Stadtteil erkunden

Unter dem Motto »Hannover schafft Platz« entstand die Idee, den Platz an der Velvetstraße gemeinsam mit dem Kinderspielplatz Pfarrlandstraße umzugestalten. Dabei wurde vom Bezirksrat die Mitwirkung von Eltern und Kindern ausdrücklich gewünscht. Wo früher komplizierte Verkehrssituationen anzutreffen waren und Büsche und Mauern die eigentlich vorhandenen Freiräume versperrten, entstand ein großzügiger Platz mit spannenden Spielgeräten und windschiefen Spielkletterhäusern.

Die Häuser sind an die ursprünglichen Weberhäuser dieses Viertels angelehnt und wurden eigens mit einer Spielgerätefirma entwickelt. Auch andere Spielobjekte sind originell und einladend gestaltet, wie die rote Tauschaukel und die Kletter- und Balancierkombinationen, die ausdrücklich von den Kindern gewünscht wurden. Darüber hinaus gibt es noch ein barrierefreies langes Trampolin, ein Hängemattenhaus, Fitnessgeräte, einen Kickertisch, mehrere Tischtennisplatten und einen Trinkwasserbrunnen. Im Mittelpunkt des Platzes steht das Tischprojekt »Ma(h)lzeit!«. Anstelle der ursprünglich trennenden Mauer entstand ein langer Betontisch, der von Künstlern und Kindern der benachbarten Salzmannschule liebevoll bemalt wurde. Der Tisch lädt ein zum Treffen, Klönen und Picknicken.

In Hannover gibt es 446 Spielplätze, neun Spielparks und 147 Bolzplätze, auf denen sich Kinder und Jugendliche tummeln können. Jedes Jahr kommen stadtweit etwa zwei neue Spielplätze dazu, ältere werden ganz oder teilweise erneuert.

Adresse zwischen Pfarrlandplatz und Velvetstraße, 30451 Hannover-Linden // **ÖPNV** Stadtbahnlinie 10, Haltestelle Leinaustraße // jedes Alter // kostenlos

TIPP: Auf der Homepage www.hannover.de kann man unter dem Stichwort »Spielplätze« eine 50-seitige PDF-Datei mit einer Auswahl der schönsten Spielplätze herunterladen.

47_ DAS REITER-STADION

Auf dem Rücken der Pferde …

Zwischen Mittellandkanal und Lister Bad befindet sich das Reiterstadion und überrascht mit ländlicher Idylle. In der Reitschule des seit über 90 Jahren hier ansässigen Reitervereins Hannover werden Pferdeträume wahr. 14 gut ausgebildete Schulpferde und -ponys stehen in den Stallgebäuden bereit, um den Traum vom Reiten zu erfüllen. Und zwar für jede Altersklasse und jeden Ausbildungsstand. Es gibt Longenunterricht für Anfänger, Gruppenunterricht für Kinder und Jugendliche, Dressur- und Springstunden, Geländetraining, Ferienlehrgänge und die Vorbereitung auf Abzeichenprüfungen aller Art. Der Unterricht findet von Montag bis Samstag jeden Nachmittag statt, während der Woche auch abends.

Das zwölf Hektar große parkähnliche Gelände bietet Platz für vier große Dressurvierecke. Sie sind stilgerecht eingerahmt mit niedrigen Buchenhecken und geben Möglichkeiten für Military-Sprünge. Außerdem ist eine Rennbahn vorhanden, genauso wie eine Reithalle, Stallungen und Paddocks. Bei Turnieren wird das Stadion zum beliebten Treffpunkt der Reiterszene. Hier messen sich die besten Spring- und Dressurreiter Deutschlands vor Zuschauern. Das Reiterstadion blickt auf eine traditionsreiche Geschichte zurück. Hatte sich unsere Stadt bereits mit dem »Preußischen Militärinstitut Hannover« einen legendären Ruf erworben, so setzte die Kavallerieschule dies in sportlicher und militärischer Reiterei nach dem Ersten Weltkrieg fort. Etliche Goldmedaillensieger haben hier trainiert.

Adresse Am Jagdstall 25, 30179 Hannover-Vahrenheide // **ÖPNV** Stadtbahnlinie 2, Haltestelle Reiterstadion // **Öffnungszeiten** Geschäftsstelle: Mo 16.30 – 18 Uhr und nach Absprache, Tel. 0511/ 632280, www.rv-hannover.de // ab acht Jahren im Schulbetrieb

TIPP: Das »Schifftaurant« befindet sich auf der eleganten »Prinz Adalbert von Preußen«. Auf dem Schiff kann man mit Blick auf den Mittellandkanal essen und trinken. Werftstraße 19, 30163 Hannover, Tel. 0511/54558098, Öffnungszeiten Mo–Sa 12–22 Uhr, So 10–22 Uhr, www.schifftaurant.de

48_ DAS ROCKHOUSE

Auf der Suche nach dem Inka-Schatz

Das Rockhouse ist der größte Rockclub Hannovers. Hier toben am Freitag und Samstag ab 23 Uhr unterschiedlichste Mottopartys. Seit gut drei Jahren wird aber nicht nur getanzt und gefeiert: Tagsüber und bis in die Abendstunden wird in den anliegenden Räumlichkeiten gespielt und gerätselt, was das Zeug hält. Freiwillig lässt man sich mit seinen Freunden in Rätselgefängnisse, sogenannte »Escape Rooms«, einschließen und versucht gemeinsam, die gestellten Rätselaufgaben zu knacken. Galt es zu Beginn, mit kleinen Schlössern verriegelte Schubfächer zu öffnen, um am Ende den Raum wieder verlassen zu können, kann man sich jetzt in Konkurrenz mit bis zu sechs gleichzeitig startenden Teams auf eine farbenprächtig inszenierte Expedition zum Inka-Schatz begeben und sich auf technische Raffinessen freuen. Sechs Teile einer Karte weisen den Weg zum Inka-Herrscher Túpac.

An acht Stationen muss man die Rätsel lösen und geht dabei unter anderem durch ein Laserlabyrinth. Im abgedunkelten Raum steigt man wie im Actionthriller über Laserschranken, während man im Dschungel hinter den Lianen Figuren verschiebt, bis sie aufleuchten. Zwar hat man insgesamt 105 Minuten Zeit, um den Schatz zu finden, aber getrödelt werden sollte nicht. Zum Schluss darf nur die schnellste Expedition den Schatz heben. Die Uhren für alle Teams hängen gut sichtbar an der Wand, um die Spannung zu erhöhen.

Es gibt verschiedene Kindergeburtstagsangebote.

TIPP: Direkt um die Ecke liegt »Massimo's Eiscafé Venezia«, das es seit 1928 in Hannover gibt. Öffnungszeiten Mo–Sa 8–22 Uhr, So ab 9 Uhr, Tel. 0511/14687, www.massimos-eiscafe.de

Adresse Kanalstraße 9, 30159 Hannover-Mitte, Tel. 0178/7291880, www.room-escape-hannover.de // **ÖPNV** 5 Minuten zu Fuß vom Hauptbahnhof über Kurt-Schumacher-Straße // **Öffnungszeiten** Mo–So 10–22 Uhr // ab zwölf Jahren

49_ DER SAMBESI KRAAL

Komm mit ins Afrikadorf

Neben der Erlebnis-Welt Sambesi im Erlebnis-Zoo Hannover liegt seit 2016 ein Kraal. Das ist eine kreisförmige Siedlung mit einer streng geregelten sozialen Struktur, die es vor allem im südlichen Afrika gab. Im Sambesi Kraal des Zoos leben die kleinsten Rinder (Dahomey-Zwergrinder), die kleinsten Antilopen (Zwergrüssel-Dikdik) und die Pinselohrschweine. Ihre Gehege liegen direkt am Dorfplatz. Sitzbänke aus alten Autoreifen und Brettern laden zum Verweilen und Beobachten der Tiere ein. Aber hier ist mehr als Zugucken möglich. Zentrale Anlaufstelle ist die 2.500 Quadratmeter große afrikanische Streichelwiese.

Zwischen liebevoll dekorierten Hütten toben Ziegen und Schafe herum und möchten gestreichelt und gefüttert werden. Schnell spürt man, wie sich die Zunge einer afrikanischen Zwergziege anfühlt und wie weich die Lippen eines Kamerunschafs sind. Sollten die neugierigen Tiere zu wild sein, kann man sie aus einer Hütte in der Mitte der Streichelwiese beobachten. Spezialfutter gibt es am Waschhaus gegenüber zu kaufen. Daneben flattert die Wäsche im Wind. Alles ist dem Ambiente afrikanischer Dörfer nachempfunden.

Das ist überhaupt ein Prinzip der Erlebniswelten im Zoo: Der leicht morbide Charme ferner Länder soll durch alte Fahrzeuge, Telefonmasten oder Häuser eingefangen werden. Nicht zu vergessen: Etwa 2.000 Tiere warten auf Besuch. Zum Kindergeburtstag ist sogar eine kleine Safari möglich.

Adresse Adenauerallee 3, 30175 Hannover-Zoo, www.erlebnis-zoo.de // **ÖPNV** Stadtbahnlinie 11, Busse 128, 134, Haltestelle Zoo // **Öffnungszeiten** Sommer 9–18 Uhr, Winter 9–16 Uhr // jedes Alter, vor allem ab Kindergarten

TIPP: Schräg gegenüber vom Zooeingang ist der Weg zum »Milchhäuschen« in der Eilenriede ausgeschildert. Seit über 100 Jahren werden hier Erfrischungen angeboten, Wilhelm-Busch-Weg.

50__DAS SCHUL-
BIOLOGIEZENTRUM

Heimische Botanik für die ganze Familie

Genau genommen ist das Schulbiologiezentrum Hannover ein regionales Umweltbildungszentrum mit vier Abteilungen. Mittelpunkt der Einrichtung ist der Botanische Schulgarten Burg. Vom Frühjahr bis zum Herbst gibt es ein ==wöchentliches Sonntagsprogramm==, das sich an die ganze Familie richtet. Erleben, Mitmachen, Forschen ist die Devise. Beginn des anderthalbstündigen Programms ist jeweils um 10.30 Uhr. Es gibt viele Angebote, wie Nisthilfen für Wildbienen aus Dosen herstellen, Meerschweinchen beobachten und streicheln oder aus »Unkraut« einen Salat zubereiten. Außerdem kann man den »Tag im Apothekergarten« verbringen oder den »Geo-Tag der Artenvielfalt« erleben. Themengärten verteilen sich über das Gelände. Auf dem Sinnespfad wird man zum Fühlen und Tasten aufgefordert, im Geologiegarten werden tote Steine lebendig. ==Hier heißt es: sehen, tasten, riechen, aber auch: vergleichen und zuordnen.== Der »Energiegarten« öffnet den Sinn für die Wirkungen der Sonne. Pfauen stolzieren herum, und Hühner huschen gackernd über die Wege.

Direkt dahinter gibt es die Freiluftschule Burg. Das Schulgebäude liegt versteckt in einem 6,5 Hektar großen Waldstück. Ab 1926 verordnete man gesundheitlich gefährdeten Stadtkindern frische Luft und schickte sie in die Waldschule. Wie der Georgengarten wurde das Gelände von Christian von Schaumburg gestaltet, dann jedoch sich selbst überlassen. Heute ist es ein Zauberwald mit Bäumen jeden Alters, darunter der wohl älteste lebende Baum Hannovers, eine 800 Jahre alte Eiche.

TIPP: Während der Sonntagsveranstaltungen sind Wald und Garten der Freiluftschule für die Besucher zugänglich.

Adresse Vinnhorster Weg 2, 30419 Hannover-Vinnhorst, Tel. 0511/168476653, www.schulbiologiezentrum.info // **ÖPNV** Stadtbahnlinie 4 und 5, Haltestelle Burgweg, von dort über Haltenhoffstraße, rechts auf den Vinnhorster Weg // **Öffnungszeiten** Mo–Fr 8–16.15 Uhr, Veranstaltungen zwischen Oster- und Herbstferien jeden So 10.30–12 Uhr, den Rest des Jahres jeden zweiten So im Monat, an Feiertagen geschlossen // Kinder bis sechs Jahre in Begleitung eines Erwachsenen // kostenlos

51_ DER SPIELPARK TIEFENRIEDE

Lagerfeuer mitten in der Stadt

Im mehr als 6.000 Quadratmeter großen Spielpark Tiefenriede wird seit über 40 Jahren gehämmert, was das Zeug hält. Die Baugruppen mit Kindern und Jugendlichen aus dem benachbarten Stadtteil blicken auf eine lange Tradition zurück. Immer dienstags und freitags kann im absperrbaren Terrain ein eigenes »Haus« auf einer zugewiesenen Parzelle von drei mal drei Metern gebaut werden. Dabei wird Gründlichkeit großgeschrieben. Am Anfang steht die Bauzeichnung, erst danach setzt man das Balkenwerk, später folgt die Verschalung mit Brettern, und zum Schluss kommt die Inneneinrichtung. Die Zeitdauer der Bauprojekte variiert. Die Bautätigkeit ist für alle kostenlos.

Gleich daneben lockt die neue Skateanlage. Die glatte Betonfläche hat moderne Sprungelemente wie »Quarter«, »Speed Bump« und »Bank«. Die Piste verspricht allen, die gerne mit BMX-Rädern, Scootern und Skateboards fahren, viel Spaß. Ganz ungefährlich sind diese Freizeitsportarten allerdings nicht, deshalb müssen aus versicherungsrechtlichen Gründen die Sportgeräte selbst mitgebracht werden, während man Kettcars für den Außenbereich weiterhin kostenlos leihen kann. Für sie ist sogar ein Rundkurs vorhanden. Darüber hinaus gibt es im Spielhaus viele Bastel-, aber auch Kochangebote. Ein besonderes Highlight ist das gemeinsame Stockbrotbacken. Jeden Mittwoch um 15 Uhr wird an einer Feuerstelle ein Lagerfeuer entfacht.

Adresse Haspelfelder Weg 18, 30173 Hannover-Südstadt, Tel. 0511/882627 // **ÖPNV** S-Bahn S1, S4, S5, Regionalbahn oder Bus 121, Haltestelle Bismarckstraße // **Öffnungszeiten** Mo–Fr 12–18 Uhr, Stockbrotbacken am Lagerfeuer Mi 15–17.30 Uhr (außer in den Ferien) // ab Grundschulalter, außer Stockbrotbacken // kostenlos

TIPP: Im ehemaligen Eingangsgebäude des Bahnhofs Bismarckstraße hat bayrisches Flair mit Weißwürsten und Fleischpflanzerln Einzug gehalten – und mit einer Kinderspielecke hat man auch an die Kleinsten gedacht. Öffnungszeiten Mo–So 10–1 Uhr, Tel. 0511/98438688, www.hannover-hofbraeu.de

52_ DIE STADT-BIBLIOTHEK

Babys erobern Bücher

Reime und Bewegungen fördern Sprechverhalten und Wortschatz. Die Stadtbibliothek bietet deshalb einmal im Monat außerhalb der Öffnungszeiten etwas ganz Besonderes für Babys und Kleinkinder in ihren 16 Zweigstellen an: Unter Anleitung eines Mitarbeiters der Arbeiterwohlfahrt (AWO Familienbildung Region Hannover) wird 60 Minuten gesungen oder zu Finger- und Bewegungsspielen angeregt. Die Reime und Spiele wiederholen sich bei den Treffen, damit sie Kindern und Betreuern in Erinnerung bleiben. Circa 20 Kleinstkinder machen gemeinsam ticketacke und klatschen in die Hände. Sie sitzen auf dem Schoß ihrer Mutter, ihres Vaters oder der Oma und juchzen vor Freude – und dieses Wohlgefühl werden sie vielleicht für immer mit Büchern verbinden. Das eine oder andere Kind krabbelt auch schon mal aus dem Kreis heraus und schaut sich die Bücherregale ehrfurchtsvoll von unten an.

Für etwas ältere Kinder gibt es das Bilderbuchkino und für Jugendliche den Julius-Club. Es geht nicht nur um den Spaß am Lesen, sondern auch um das Verstehen des Gelesenen. In diesem Ferien-Leseangebot leihen Jugendliche Bücher aus, über die sie dann eine Rezension schreiben können. Die Stadtbibliothek macht als eine von 30 Bibliotheken in Deutschland auch bei Tommi, dem deutschen Kindersoftwarepreis, mit. Jugendliche küren hier mit Unterstützung der Büchereien die besten elektronischen Spiele.

TIPP: In der Hildesheimer Straße 103 liegt das »Land der bunten Steine«. Hier werden gebrauchte lose Legosteine verkauft, aber auch fabrikneue, was Seltenheitswert hat. Mo – Fr 15 – 19 Uhr, Sa 9.30 – 16 Uhr, www.landderbuntensteine.de

Adresse Stadtbibliothek, Hildesheimer Straße 12, 30169 Hannover-Mitte, Tel. 0511/16842169 // **ÖPNV** Stadtbahnlinie 1 und 2, Haltestelle Schlägerstraße // ab Babyalter // kostenlos

53_ DER STADTTEIL-BAUERNHOF

Zurück zur Natur

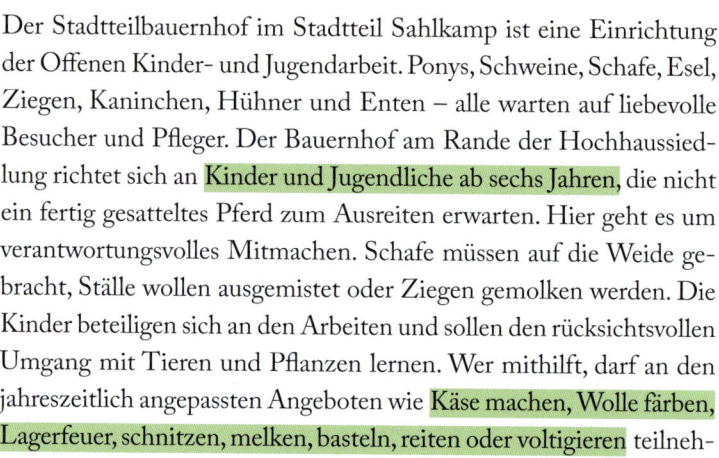

Der Stadtteilbauernhof im Stadtteil Sahlkamp ist eine Einrichtung der Offenen Kinder- und Jugendarbeit. Ponys, Schweine, Schafe, Esel, Ziegen, Kaninchen, Hühner und Enten – alle warten auf liebevolle Besucher und Pfleger. Der Bauernhof am Rande der Hochhaussiedlung richtet sich an Kinder und Jugendliche ab sechs Jahren, die nicht ein fertig gesatteltes Pferd zum Ausreiten erwarten. Hier geht es um verantwortungsvolles Mitmachen. Schafe müssen auf die Weide gebracht, Ställe wollen ausgemistet oder Ziegen gemolken werden. Die Kinder beteiligen sich an den Arbeiten und sollen den rücksichtsvollen Umgang mit Tieren und Pflanzen lernen. Wer mithilft, darf an den jahreszeitlich angepassten Angeboten wie Käse machen, Wolle färben, Lagerfeuer, schnitzen, melken, basteln, reiten oder voltigieren teilnehmen, je nachdem, was an diesem Tag angeboten wird.

Während der Woche ist der Bauernhof jeden Nachmittag ein Haus der offenen Tür für Kinder und Jugendliche ab sechs Jahren. Die Vormittage sind Gruppen vorbehalten. Dann gibt es Führungen mit Tierfütterungen und Themenschwerpunkten wie »Vom Schaf zum Pullover«, »Melken und mehr« oder »Rund um die Milch«. Um Eltern und jüngere Geschwister nicht auszuschließen, gibt es mit der »Familieninsel« mittlerweile einen separaten Bereich mit Spielplatz und Kaninchengehege. Am Wochenende können nach Absprache und Anmeldung zwischen 10 und 13 Uhr Kindergeburtstage gefeiert werden.

Adresse Rumpelstilzchenweg 5, 30179 Hannover-Vahrenheide, Tel. 0511/6044703, www.stadtteilbauernhof-hannover.de // ÖPNV Stadtbahnlinie 2, Haltestelle Bahnstrift, links in Hägewiesen, dann in Siebenschönweg, anschließend in Rumpelstilzchenweg // Öffnungszeiten Mo, Di, Do, Fr 14.30 – 18 Uhr // von sechs bis 17 Jahren // kostenlos

TIPP: Im »Grünzug Vahrenheide« gibt es eine Discgolf- und die erste Calisthenicsanlage (Work-out im Freien mit Eigengewichtübungen), Holzwiesen 71.

54_DER STADTTEIL-PARK LINDEN-SÜD

Echt cool, nicht nur der Skatepool

Das Ihmeufer wird schon seit einiger Zeit neu gestaltet. Auf der Uferseite an der Glocksee sind die Arbeiten abgeschlossen, jetzt geht es zwischen Legionsbrücke und ehemaliger Hautklinik weiter. Der Fachbereich Umwelt und Stadtgrün hat Bürgerbeteiligung bei diesem Projekt ganz großgeschrieben. Und so freut sich vor allem die wachsende Skaterszene, dass hier stadtnah die erste öffentliche Skatepoolanlage Hannovers entstanden ist, geeignet für Skater, Scooter und Inliner. Die Flowarena mit Pool knüpft an die ersten Anlagen in Kalifornien an, die in leeren Swimmingpools entstanden sind.

Gerundete Übergänge zwischen Beckenboden und Seitenwänden brachten damals Schwung in den Sport auf kleinen Rollen. Gebaut wurde die Anlage in Handarbeit und mit Beton von einer Firma, die aus der Lindener Skaterszene entstanden ist und mittlerweile weltweit im Anlagenbau attraktiver Skateranlagen unterwegs ist. Die Yamoto Living Ramps Crew kennt das Geheimnis der perfekten Oberfläche längst: Es liegt im richtigen Zeitpunkt des Glättens.

Eine weitere Besonderheit: Im Stadtteilpark findet man nicht nur einzelne Streetballkörbe, hier ist das erste öffentliche Basketballfeld in Hannover entstanden. Außerdem wartet ein Stangenfitnesswald auf »fortgeschrittene Bewegungskünstler«, dazu gibt es einen »Mehrgenerationen-Fitnessparcours«. Es gibt einen direkten Zugang zur Ihme, und Sitzmobile laden zum beschaulichen Verweilen am und über dem Erlebnisraum »Wasser« ein.

TIPP: Anschließend lädt das Café Mönikes beim Tortenkönig von Hannover zur Tortenpause ein. Falkenstraße 13, www.hannovers-tortenkoenig.de

Adresse Ihmeufer, Auestraße, 30449 Hannover-Linden //
ÖPNV Stadtbahnlinie 9, 17, Haltestelle Schwarzer Bär //
jedes Alter, skaten nach Vorkenntnissen // kostenlos

55_DAS THEATER-MUSEUM

Kindertheatergruppen aus ganz Deutschland

Das Theatermuseum Hannover, gegründet immerhin 1928, ist das einzige seiner Art, das sich in einem Theater befindet. Und es hat noch ein paar mehr Besonderheiten zu bieten. Da gibt es zum einen die Kinderspielserie »Jeden Sonntag 11 Uhr«. Kindertheatergruppen aus ganz Deutschland begeistern jede Woche bis zu 100 kleine Gäste. Auf der kleinen, intimen Bühne sind Figurentheater, Schattentheater, Varieté oder Schauspiel für Kinder zu sehen. Alle zwei Jahre findet im Herbst das Schattentheaterfestival statt. Erzählungen und Geschichten aus Klassik und Moderne werden in den verschiedenen Inszenierungen mit unterschiedlichsten Techniken in Szene gesetzt. Dazu gibt es Workshops, für die man sich anmelden kann. Sie werden von Mitgliedern des Ensembles der Vagantei Erhardt geleitet.

Und dann gibt es noch: Lampenfieber. Geschichten zum Selberspielen. Hier können Kinder im Alter von sechs bis zwölf Jahren in einer Gruppe (zum Beispiel am Kindergeburtstag) gemeinsam mit einer erfahrenen Schauspielerin Geschichten erfinden und ihre Phantasie auf Entdeckungsreise schicken. Mal sind es Gedanken, dann wieder Ideen von einem Ort oder einer Zeit, vielleicht auch einer Figur, die den Aufhänger für eine Geschichte bilden. Dazu werden Kostüme und Requisiten ausprobiert. Nach der dreistündigen Probenzeit zeigen die Kinder ihren Eltern und Freunden dann das eigene »Theaterstück«.

Adresse Prinzenstraße 9 (im Schauspielhaus), 30159 Hannover-Mitte // **ÖPNV** Stadtbahnlinie 10 bis Haltestelle Schauspielhaus // **Öffnungszeiten** jeden So 11 Uhr, Lampenfieber
Tel. 0511/9999-20-40, www.staatstheater-hannover.de //
ab Kindergartenalter

TIPP: Direkt um die Ecke in der Lavesstraße 1–2 liegt die L'Osteria mit Pizza und Pasta aus der eigenen Pastamanufaktur, Öffnungszeiten Mo–Fr 11–24 Uhr, Sa, So 12–24 Uhr, Tel. 0511/84877138, www.losteria.de.

56_ DAS THEATRIO

Hände hoch im Figurentheaterhaus Hannover

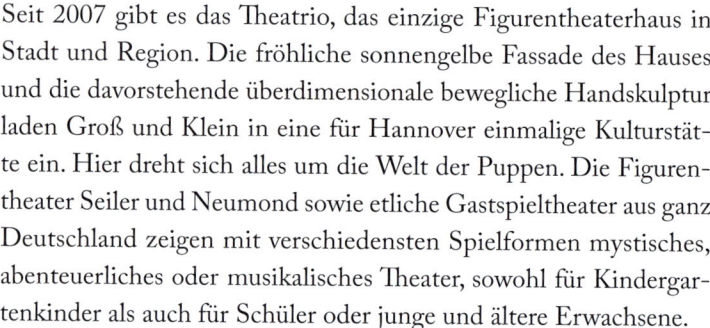

Seit 2007 gibt es das Theatrio, das einzige Figurentheaterhaus in Stadt und Region. Die fröhliche sonnengelbe Fassade des Hauses und die davorstehende überdimensionale bewegliche Handskulptur laden Groß und Klein in eine für Hannover einmalige Kulturstätte ein. Hier dreht sich alles um die Welt der Puppen. Die Figurentheater Seiler und Neumond sowie etliche Gastspieltheater aus ganz Deutschland zeigen mit verschiedensten Spielformen mystisches, abenteuerliches oder musikalisches Theater, sowohl für Kindergartenkinder als auch für Schüler oder junge und ältere Erwachsene.

Puppen aus Holz, Latex, Schaumstoff oder Alltagsgegenständen werden von den Spielern zum Leben erweckt, ganz in der Tradition des künstlerischen Puppentheaters, aus dem sich das Figurentheater zu Beginn des 19. Jahrhunderts entwickelt hat.

100 Gäste können im Theatersaal unterschiedlichste Vorstellungen erleben und sich später im liebevoll gestalteten Bistrocafé stärken. Das theaterpädagogische Angebot von Theatrio wendet sich an Lehrer, Erzieher, Schulklassen und Kita-Gruppen in Hannover und der Region. In Workshops und mehrtägigen Projekttagen werden mit Improvisation, Phantasie, Kreativität und viel Spaß erste Erfahrungen im Theaterspiel mit Puppen, Masken und Objekten angeboten. Unter professioneller Anleitung entstehen in drei bis vier Stunden eigene Spielfiguren. Bilderbuchvorlagen in Form von Märchen, klassischer oder moderner Kinderliteratur lassen die Kinder Geschichten aus ihrer Erlebniswelt oder Phantasiegeschichten aus ihren Träumen, Ängsten und Wünschen erfinden.

TIPP: Von hier aus kann man einen Spaziergang entlang des Mittellandkanals zum Yachthafen in der List machen.

Adresse Großer Kolonnenweg 5, 30163 Hannover-Vahrenwald, Tel. 0511/8995940, Vorverkaufskasse im Künstlerhaus, Sophienstraße 2, Tel. 0511/16841222, www.figurentheaterhaus.de, www.figurentheater-seiler.de // **ÖPNV** Stadtbahnlinie 1 und 2 bis Haltestelle Büttnerstraße // ab Kindergartenalter

57_DER TIERGARTEN

Damwild zwischen »geschneitelten Bäumen«

Mitten in Kirchrode kann man nicht nur jahrhundertealte Eichen bestaunen, sondern auch frei laufendes Damwild. Die Wildtiere ziehen ihre Runden durch das Freigehege und haben längst ihre Scheu verloren. Sie kommen dicht an die Wege und können so aus nächster Nähe beobachtet werden. »Bambi, Bambi«, juchzen die kleinen Besucher vor Freude, kennen sie die Tiere doch meist nur aus Film und Fernsehen. Rotwild und Rehwild tummeln sich in einem eingezäunten Gehege. Immer wieder staunen die Kinder über die mächtigen Geweihe der Hirsche. Wer sie in Bewegung sehen will, sollte kurz vor Einbruch der Dämmerung kommen. Das Gehege mit dem Schwarzwild ist im Frühjahr besonders beliebt bei den Kindern, denn dann haben die Wildschweine ihre Jungen bekommen. Die Frischlinge folgen der Mutter auf Schritt und Tritt. Das Füttern der Tiere im Tiergarten ist verboten, aber die Kinder können im Herbst Eicheln und Kastanien mitbringen und abgeben. Die Tiere vertilgen immerhin 20.000 Kilo davon im Jahr. Am zweiten Oktoberwochenende findet regelmäßig das Tiergartenfest als Dankeschön für die Sammler statt.

Der Baumschnitt stellt eine weitere Besonderheit des Parks dar. In rund drei Metern Höhe wurden einst die Äste der Bäume abgeschnitten, um sie an die Tiere zu verfüttern. Dadurch erhielten die Bäume Silhouetten wie Kopfweiden. Um ein Herausbrechen der Äste zu verhindern, werden die historischen Bäume nach 80-jähriger Beschnittpause seit 30 Jahren wieder »geschneitelt«.

TIPP: Direkt am Tiergarten liegt ein Spielplatz mit Kletter- und Fitnessgeräten sowie einer kleinen bespielbaren Häusergruppe.

Adresse Tiergartenstraße 149, 30559 Hannover-Kirchrode, Tel. 0511/526653 // **ÖPNV** Stadtbahnlinie 5, Haltestelle Tiergartenstraße // **Öffnungszeiten** Mitte Dez.–Ende Okt. täglich 7 Uhr bis Einbruch der Dunkelheit, Anfang Nov.–Mitte Dez. ab 12 Uhr bis zum Einbruch der Dunkelheit // jedes Alter // kostenlos

58_TRAIN & PLAY

Eine Welt im Miniaturformat und Toys for Boys

Heute bewegen sich schon die kleinsten Kinder mit Hilfe von Mini-Computern stundenlang in virtuellen Welten. Früher bauten sie sich ihre Welten mit Modellen nach und ließen so ihrer Phantasie und ihrem Bastelgeschick freien Lauf. Da wurde gesammelt und gebaut, was der Platz und die Geldbörse zuließ. Noch hält die Faszination für den Modellbau bei vielen Erwachsenen an – und manche geben diese Leidenschaft auch an ihre Kinder weiter.

Um die Begeisterung zu spüren und sich von der Faszination einfangen zu lassen, gibt es keinen besseren Ort als Train & Play. Das Paradies für Modellbaufans befindet sich dicht am Aegidientorplatz. Auf 600 Quadratmetern wird bei Train & Play alles angeboten, was die Herzen von kleinen und großen Modellbau-Fans höherschlagen lässt. Hier stehen Modelleisenbahnen unterschiedlichster Größen und Spurweiten fast aller Hersteller in Vitrinen. Das mutet wie eine Reise durch die Geschichte der Eisenbahn an.

Im Eisenbahn-Modellbau entsteht die große Welt immer noch im kleinen Maßstab. Deshalb gehören natürlich auch Modellhäuser, -kirchen, -bahnhöfe und -wälder dazu. Die winzigen Figürchen und die Materialien für den Landschaftsbau faszinieren auch Puppenhausliebhaber oder andere Bastler. Der Modellbau umfasst Autos und Flugzeuge ebenso wie Autorennbahnen oder landwirtschaftliche Geräte. Auf einem Teil der Ladenfläche werden gebrauchte Modelle und passendes Zubehör angeboten. Das ist etwas für Schnäppchenjäger.

TIPP: Ganz in der Nähe lädt die Markthalle zur Stärkung ein.

Adresse Breite Straße 7, 30159 Hannover-Mitte,
Tel. 0511/2712701, www.trainplay.de // **ÖPNV**
Stadtbahnlinie 10, 17, Haltestelle Aegidientorplatz //
Öffnungszeiten Mo–Fr 10–18.30 Uhr,
Sa 10–14.30 Uhr und Nov.–März 10–16 Uhr //
ab Kindergartenalter // Besuch kostenlos

59_ DER TRAMPOLINPARK

Hüpfst du noch, oder fliegst du schon?

Kinder lieben das Trampolinspringen, es sorgt für gute Laune, denn dabei werden die Hormone Dopamin und Noradrenalin freigesetzt. Seit ein paar Monaten können wir jetzt auch in Hannover das Hüpfen im größeren Stil üben. Wo einst Rinderhälften in einer Lagerhalle einen Zwischenstopp einlegten, ist einer der größten Trampolinparks in Europa entstanden. Kinder, Jugendliche und Erwachsene heben im »Superfly Air Sports Park« auf 2.500 Quadratmetern im wahrsten Sinne des Wortes ab und fliegen dem Glücksgefühl entgegen. Weniger Geübte beginnen auf der zusammenhängenden Trampolinlandschaft, in der man sich in allen Himmelsrichtungen in den »Flugmodus« versetzen kann. Auf und ab und immer höher springen ist das Motto. Strahlende Gesichter, wohin man schaut, dazu lautes Lachen und Juchzen. Wer es etwas gewagter haben möchte, geht zum Beispiel in den »Swing Fall«. Hier kann man mit dem Trapez Schwung holen und sich dann ins Becken mit Schaumstoffwürfeln fallen lassen – ein Gefühl wie beim Turmsprung im Freibad.

Am Samstag und Sonntag von 9 bis 10 Uhr ist Kids Jump für Kinder bis neun Jahre. Der Friday Night Jump von 20 bis 23 Uhr wendet sich mit besonderer Beleuchtung und Musik an Jugendliche. Es gibt auch spezielle Angebote für Kindergeburtstage. Bei schlechtem Wetter ist eine Reservierung zu empfehlen. Unter 14-Jährige brauchen eine ausgefüllte Haftungserklärung mit Unterschrift eines Erziehungsberechtigten.

Adresse Vahrenwalder Straße 286, 30179 Hannover-Vahrenheide, Tel. 0511/99978520, www.superfly.de // **ÖPNV** Stadtbahnlinie 1, Haltestelle Alter Flughafen // **Öffnungszeiten** Di 14–21 Uhr, Mi, Do 10–21 Uhr, Fr, Sa 10–13 Uhr, So und Feiertage 10–23 Uhr, in den Ferien 10–21 Uhr // ab Kindergartenalter

TIPP: Schräg gegenüber, bei der Hausnummer 267, befindet sich der 62 Meter hohe Wasserturm, der bei seiner Fertigstellung 1911 der größte Wasserturm Europas war. Besichtigungsanfragen unter Tel. 0511/35736087, www.event-turm.de

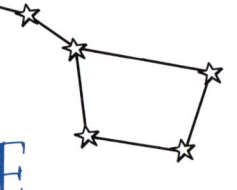

60_DIE VOLKS-STERNWARTE

Grüß mir die Sterne und die Geschwister Herschel

Sterne haben die Menschen schon immer fasziniert. Einen besonders guten Blick in den Himmel hat man vom ehemaligen Wasserhochbehälter am Lindener Berg. Dort ist der Sitz der Volkssternwarte, die bis auf die hellen Sommermonate jeden Donnerstag von 20 bis 22 Uhr ihre Pforten für interessierte Besucher öffnet.

Die Vereins- und Vortragsräume befinden sich in den Räumlichkeiten der ehemaligen Wasserwärterwohnung. Von hier führt eine Treppe auf das Dach des imposanten, viereckigen Wasserbehälters. Hier befindet sich das Herzstück der Sternwarte. In zwei silbernen Kuppelgebäuden sind die Instrumente zur Himmelsbeobachtung untergebracht. Im kleineren stehen die von den Vereinsmitgliedern fotografisch genutzten Apparate. Im größeren befindet sich ein Linsenfernrohr mit einer Öffnung von 20 Zentimetern und einer Brennweite von drei Metern. Wer durch das Teleskop schaut, fühlt sich den Sternen und Planeten ein Stückchen näher. Der vollständige Name des Vereins lautet seit 1986: Volkssternwarte Geschwister Herschel. Die beiden bedeutenden Astronomen Friedrich Wilhelm und Karoline Herschel stammten beide aus Hannover. Während der Bruder durch die Entdeckung des Planeten Uranus Berühmtheit erlangte, machte sich Karoline durch die Entdeckung von acht Kometen einen Namen. Sie fand als erste Frau volle Anerkennung in der Welt der Astronomie. Über die Geschichte der Geschwister und ihre Entdeckungen informieren Wandtafeln im Untergeschoss.

Adresse Am Lindener Berge 27, 30449 Hannover-Linden, Tel. 0511/456290, www.sternwarte-hannover.de // ÖPNV Stadtbahnlinie 3, Haltestelle Allerweg, Bus 100 bis Sternwarte // Öffnungszeiten Aug.–Mai Do 20–22 Uhr // ab Schulalter // kostenlos

TIPP: Im ehemaligen Wartturm von 1392, der nach dem Dreißigjährigen Krieg zur Holländerwindmühle umgebaut wurde, befindet sich heute der Biergarten »Lindener Turm« mit seiner Turmwirtschaft. Hier werden Kaffee, Kuchen und deftige Gerichte serviert. www.lindener-turm.de

61_ DER WAKITU

Getummel in allen Variationen

Hannover hat viele Spielplätze. Einer sticht aus dem Angebot ganz besonders heraus, gibt es ihn doch schon seit 1895. Sein Name mutet seltsam an: WAKITU. Nein, das ist kein Name für ein Indianerdorf, es ist der Wald-Kinder-Tummelplatz. Ganz in der Nähe des Lister Platzes wurde er zur vorletzten Jahrhundertwende zur Ertüchtigung des Nachwuchses an der frischen Luft angelegt. Anfang der 1970er Jahre entstand dann am selben Ort der erste Abenteuerspielplatz der Stadt.

Der heutige Erlebnishof WAKITU umfasst ein 14.000 Quadratmeter großes Gelände für Kinder und gilt als Spiel-Eldorado. Für jede Altersgruppe ist etwas dabei: Indianerdorf, Baumhaus, Holzhütten, Wasserspiel, Wassermatschbereich, Nestschaukel, Spielschiff mit Rutsche, Hängematte, Wipp- und Balanciermöglichkeiten, Schaukeln, Drehscheibe, Bolzplatz, Tischtennisplatte, Turm mit Tunnelrutsche, Wildschweine aus Holz und, und, und…

Eine Besonderheit ist der Seilgarten im linken Teil des Geländes. Zwischen den hochgewachsenen Waldbäumen sind Seile gespannt, und es gibt abenteuerliche Gurtstege. Zu bestimmten Terminen kann auch die ganze Familie hier klettern. In zweieinhalbstündigen Kursen lernen Eltern mit ihren Kindern ab neun Jahren die verschiedenen Elemente des Seilgartens kennen. Während sich die Kinder nach Herzenslust austoben, können es sich die Eltern bei gutem Wetter im Wald-Café gemütlich machen.

Adresse Hohenzollernstraße, 30161 Hannover-List, Anmeldung und Infos zum Seilgarten: www.seilgarten-hannover.de // **ÖPNV** Stadtbahnlinie 3, 7 und 9, Haltestelle Lister Platz // jedes Alter // kostenlos

TIPP: Seit über 85 Jahren schmeckt das Eis in der Kult-Eis-diele »Panciera« direkt am Lister Platz, Jakobistraße 4.

62_DIE WALD-CHAUSSEE

Klein und Groß nimmt die Straße in Besitz

Die Waldchaussee führt mitten durch die Eilenriede, Hannovers etwa 6,5 Quadratkilometer großen Stadtwald, der fast doppelt so viel Fläche hat wie der New Yorker Central Park. Neben Spielplätzen, Liegewiesen, Fahrradwegen und versteckten Sehenswürdigkeiten hält er immer von 15 Uhr am Samstagnachmittag bis Sonntag null Uhr eine weitere Besonderheit bereit: Die Waldchaussee wird für den Autoverkehr gesperrt. Und zwar vom Erlebnis-Zoo bis hin zum Steuerndieb, der letzten noch vorhandenen Waldwirtschaft eleganter Machart. Dann nehmen Kinder und Erwachsene zu Fuß, mit Fahrrädern, Rollern, Inlineskatern oder was auch immer Besitz von der Fahrbahn.

Jedes Wochenende wird hier die Vision einer autofreien Straße gelebt, die es kaum irgendwo in Deutschland gibt. Die Sperrzeiten der Waldchaussee sind der Diskussion über das Waldsterben Anfang der 1990er Jahre geschuldet. Es ging im Eilenriedebeirat hoch her, wann und wie lange welche Straßen gesperrt werden sollten. Herausgekommen ist 1992 der Kompromiss für die Waldchaussee. Wurden anfangs die Schranken noch manuell von Mitarbeitern der Stadt geöffnet und geschlossen, gibt es jetzt einen automatischen Schrankenbaum.

Diese Straße war übrigens ein Streckenabschnitt der legendären Eilenriederennen, die von 1924 bis 1955 insgesamt 22-mal ausgetragen wurden. Bis zu 150.000 Zuschauer verfolgten das international bekannte Motorradrennen.

Adresse Waldchaussee, 30175 Hannover-Zoo // **ÖPNV** Stadtbahnlinie 11, Haltestelle Zoo // **Öffnungszeiten** Schließzeiten der Straße: immer Sa 15–24 Uhr // jedes Alter // kostenlos

TIPP: In der Gehägestraße ist das »Haus im Grünen«, die Wirtschaft mit BBQ ist Di – Fr 15 – 22 Uhr, Sa 10 – 22 und So 10 – 20 Uhr geöffnet.

63_DIE WALDSTATION

Hoch hinaus im Wald-Hochhaus

Seit 2004 gibt es auf dem vergrößerten Gelände des ehemaligen »Vogelschutzgehölzes« die »Waldstation Eilenriede«. 27 Erlebnis-Stationen ermöglichen auf dem 3,7 Hektar großen Gelände mit Teichen, Gebäuden, Tiergehegen und einer Waldwiese »Walderleben zum Anfassen«. Auf museale Angebote wird dabei weitgehend verzichtet. Lebendige Anschauung und die Möglichkeit zum Experimentieren im Sinne eines Waldlabors stehen im Vordergrund.

Fünf Jahre nach der Eröffnung kam ein besonderes Highlight dazu: das Wald-Hochhaus. Dieser Walderlebnisturm steht stellvertretend für eine Eiche und soll das Leben unter, in und auf dem Baum erlebbar machen. Gleich am Eingang geht es los. Hier kann man klingeln und in aufklappbaren Briefkästen Informationen über die Bewohner eines Baumes bekommen. So gibt es in der Baumkrone die begehbare Nestwohnung der Familie Buchfink mit Informationen über diese Vogelart. Eine Etage höher geht es dann um den Eichenwickler und sein Versteck. Der Aufstieg in eine Höhe von bis zu 32 Metern eröffnet immer wieder neue Aussichten auf das Leben im Wald, bis man einen Rundumblick über den hannoverschen Stadtwald hat.

Das Gelände kann auf eigene Faust erkundet werden, es gibt jedoch auch einen Audioguide oder eine Rallye durch die Waldstation. Altersgerechte Führungen werden ebenfalls im Jahresprogramm angeboten.

TIPP: Im Rahmen der FerienCard-Aktion werden hier Übernachtungen im Wald für Kinder von acht bis elf Jahren angeboten. In einem Tipi, gemütlich in den Schlafsack eingewickelt, können die Kinder den Waldgeräuschen lauschen und sich von Mitarbeitern der Waldstation erklären lassen, was nachts im Wald passiert.

Adresse Adresse Kleestraße 81, 30625 Hannover-Kleefeld, Tel. 0511/533-1181, www.hannover.de // **ÖPNV** Stadtbahnlinie 4 und 5, Haltestelle Kantplatz, oder vom Parkplatz beim »Steuerndieb« zu Fuß // **Öffnungszeiten** ab 1. März: Mo–Mi 8.30–16.30 Uhr, Do 8.30–18.30 Uhr, So und Feiertage 10–18 Uhr, nach den Herbstferien: Di–Do 10–15 Uhr // jedes Alter // Waldstation kostenlos, Wald-Hochhaus gegen Gebühr

64_ DIE WASSER-STRASSEN

Ahoi! Ahoi!

Es gibt viele Möglichkeiten, Hannover zu erkunden. Eine ist eine Erlebnisschifffahrt auf einer der hannoverschen Wasserstraßen. Bereits 1873 ging der gewerbliche Fahrgastschifffahrtsbetrieb am Anleger Schwarzer Bär und an der Leinertbrücke in Betrieb, und noch immer gibt es Linienfahrten auf Ihme, Leine und Mittellandkanal. Mit neun Kilometern in der Stunde kann man mit der »Wappen von Hannover« am Ufer entlangtuckern, zusammen mit bis zu 100 Personen. Die meisten Fahrten stehen unter einem Motto. Besonders beliebt bei Kindern ist die Piratenfahrt, bei der sie das Piratenpatent erwerben können. Stilgerecht verwandeln sich Mädchen und Jungen beim Kinderschminken in furchterregende Piraten und brennen darauf, auf Schatzsuche zu gehen oder dem Kapitän über die Schulter zu schauen. Während der Tour lernen sie, wie man Backbord und Steuerbord auseinanderhält oder fachgerechte Seemannsknoten knüpft. Da ist es am Ende der Fahrt kein Problem, das Piratenquiz zu lösen. Ein Piratenschmaus rundet die abwechslungsreiche Tour und vielleicht einen spannenden Kindergeburtstag ab. Neben dieser Mottofahrt gibt es noch viele andere Schiffstouren, viele davon mit interessanten Schleusengängen.

Ein besonderes Highlight ist die Fahrt Richtung Marienburg auf dem Mittellandkanal bis Bolzum mit Schleusung durch die Hindenburgschleuse, anschließend übernimmt ein Bus den Weitertransport. Der Fahrplan ist auf der Homepage der Schiffslinie einzusehen.

Adresse Ihme-Anleger Leinertbrücke, Spinnereistraße, Rückseite Üstra-Depot Glocksee, 30169 Hannover-Mitte // **ÖPNV** Stadtbahnlinie 10, Haltestelle Glocksee // **Öffnungszeiten** Fahrplan unter: www.ihme-schifffahrt.de // jedes Alter

TIPP: Die Schmuddelecke in Linden hat sich gemausert: Es lohnt sich, einen Spaziergang am neu angelegten Ihme-ufer zum Stadtteilpark Linden-Süd zu machen und sich dort die Freizeit-möglichkeiten anzusehen.

65_ DAS WOK-MUSEUM

Kinder schwingen den Kochlöffel

WOK steht für World of Kitchen, und dies ist viel mehr als nur Europas einmaliges Küchenmuseum, hier ist auch der Sitz der Kinderkochschule. 2009 gründete Carl-Werner Möller Hof zum Berge den gemeinnützigen Verein, fünf Jahre später haben schon über 500 Schul-Kochkurse mit über 10.000 Kindern und Jugendlichen stattgefunden. In Zeiten, in denen es in Schulen keine Schulküchen mehr gibt und viele Eltern zu Fertigprodukten greifen und selbst nicht kochen können, möchte die Kinderkochschule ein Zeichen setzen. Nach einer halbstündigen Besichtigung des Museums und einer Teepause im Sultanspalast können sich die Kinder in der Schulküche zwischen zwei zu kochenden Gerichten entscheiden. Ausschließlich marktfrische Lebensmittel werden hier verwendet und gemeinsam unter Anleitung geschnitten, gebraten, gekocht. Das Eindecken der Tische und die Tafelkultur werden erlebt und erklärt, ebenso wie Traditionen beim gemeinsamen Essen. Nicht alle Kinder beherzigen es, mit dem Essen zu warten, bis alle sitzen, oder wissen nicht, wie sie das Messer halten müssen. Das Aufräumen und Abwaschen gehört ebenfalls zum Programm.

Die Vormittage von 9 bis 12 Uhr während der Woche sind Kindergärten und Schulklassen vorbehalten. An Nachmittagen finden von 15 bis 17 Uhr Kindergeburtstagsfeiern statt. Zudem ist samstags von 11 bis 13 Uhr kochen und von 15 bis 17 Uhr backen angesagt. Die Kurse werden durch die Eintrittserlöse der abendlichen Erwachsenen-Kochkurse und der Museumsbesucher sowie durch Spenden und Mitgliedsbeiträge subventioniert.

Adresse Spichernstraße 22, 30161 Hannover-List, Tel. 0511/54300858, www.wok-museum.de // **ÖPNV** Stadtbahnlinie 1 und 2, Haltestelle Werderstraße, 10 Minuten Fußweg // **Öffnungszeiten** Büro Di–Sa 11–19 Uhr // ab Kindergartenalter

TIPP: Während die Kinder in der Schulküche kochen, können die Eltern im angrenzenden Schloss-Café sich zu leckerem Kaffee und Kuchen treffen und die 2 Stunden Wartezeit in besonderer Atmosphäre verbringen.

66_DAS ZEMENTWERK

Auf zur Fossilienjagd

Entwicklungsgeschichtlich war der Mensch einst Jäger und Sammler. Und viele zeigen noch heute große Emsigkeit beim Sammeln – zum Beispiel bei der Fossiliensuche. Im Zementwerk Hannover der HeidelbergCement AG können sich Kinder unter Anleitung auf die Suche machen. Nötig ist nicht viel mehr als festes Schuhwerk, robuste Kleidung und ein Hammer. Beim hannoverschen Arbeitskreis Paläontologie und bei www.outdoorhannover.de muss man sich zuvor anmelden, das eigenmächtige Betreten der Mergelgruben ist verboten und gefährlich.

Vom verabredeten Treffpunkt geht es zum verschlossenen Werksgelände und zu den Abbauflächen des Kalkmergels, die aus der Zeit des Campanium vor über 73 Millionen Jahren stammen. Damals erstreckte sich die Nordsee weit über dieses Gebiet hinaus und war Lebensraum für zahlreiche Meeresbewohner. Starben sie, wurden sie vom Kalkschlamm bedeckt und versteinerten. Durch das Aufbrechen des Gesteins für die Zementproduktion kann man schon beim bloßen Gucken Donnerkeile (Belemniten) auf den Schuttkegeln entdecken, aber auch Schwämme, Muscheln, Seeigel und Korallen. Die Fundstücke dürfen behalten werden. Spektakulärster Fund bisher waren die Zähne des langhalsigen Meeressauriers *Elasmosaurus*.

OutdoorHannover bietet nach Absprache auch Lagerfeuer, Stockbrotbacken, Schatzsuche, Bogenschießen, Übernachtungen, den Bau eines Insektenhotels und vieles mehr an.

TIPP: Im Alten Bahnhof in Anderten verkehrte vor über 100 Jahren die »Königlich-Hannoversche-Eisenbahn«. Seit fast 20 Jahren hat sich eine Gastronomie im Innen- und Außenbereich des Gebäudes entwickelt, die mit Bratkartoffelgerichten und frischen Salaten von sich reden macht. An der Bahn 2, 30559 Hannover-Anderten, www.alter-bahnhof-anderten.de

Adresse Lohweg 34,
Grube 7, 30559 Hannover-
Misburg, Anmeldung
für Begehungstermine
unter www.ap-h.de oder
www.outdoorhannover.de //
Anfahrt A 7 Richtung
Kassel, Abfahrt
58-Hannover/Anderten auf
die B 65 Richtung Misburg,
nach 1 Kilometer rechts
in den Lohweg abbiegen,
die Naturevents finden
im Lohweg statt // ab fünf
Jahren

67_ DAS ZIRKUSZELT

Die Welt des Zirkus Salto

Der Zirkus Salto richtet sein kulturelles und außerschulisches Angebot an Kinder und Jugendliche ab acht Jahren. Der größte Kinder- und Jugendzirkus in Niedersachsen besitzt ein eigenes, fest installiertes Zelt hinter dem Haus der Jugend. In dieser authentischen Atmosphäre mit passendem technischen Equipment nehmen circa 100 Kinder und Jugendliche am Training teil. Im Haus der Jugend befindet sich eine Nähwerkstatt, ein Kostümfundus und ein Tonstudio. Kurzum, alles, was nötig ist, um eine Zirkusvorstellung zu realisieren.

Unterstützt wird das Zirkusprojekt durch den Förderverein für Kinder- und Jugendarbeit Hannover e. V. An vier Tagen in der Woche wird ein Training angeboten, das alle Facetten des Zirkus-Artisten-Lebens umfasst. Energie, Ehrgeiz und Selbstvertrauen 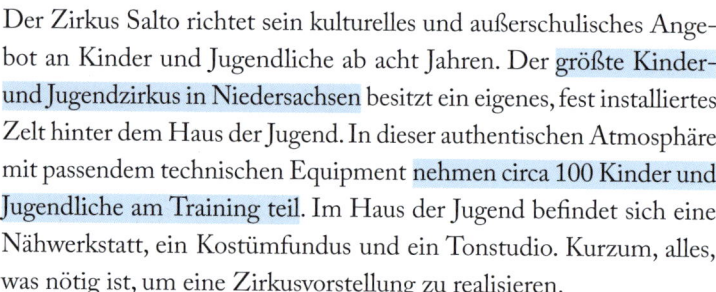 sind nötig, um sich vor großem Publikum in die Zirkusmanege zu stellen und Kunststücke vorzuführen. Wichtig sind dabei nicht nur akrobatische Hochleistungen, die jungen Artisten sollen auch lernen, sich gegenseitig zu helfen. Viele Trainingsdisziplinen werden von erfahreneren Gruppenmitgliedern unterrichtet. Die konsequente und intensive Arbeit im Zirkusprojekt Salto hat dem Zirkus mittlerweile über Hannover hinaus ein sehr gutes Renommee verschafft. Er präsentiert sich auf Eigenveranstaltungen und kann zu unterschiedlichsten Anlässen gebucht werden. Bei Kindergeburtstagen unterrichten Trainer 10 bis 20 Kindern nach Interessenlage in zwei bis drei unterschiedlichen Disziplinen.

Adresse Maschstraße 22–24, 30169 Hannover-Mitte, Tel. 0511/168-42241 // **ÖPNV** Stadtbahnlinie 1 und 2, Haltestelle Schlägerstraße // **Öffnungszeiten** Training für Anfänger ab acht Jahren Do 15.45–17.15 Uhr, Anmeldung erforderlich, kontakt@salto-hannover.de, Kindergeburtstage buchen unter buero@zirkus-salto.de, weitere Infos über Trainingstage und Auftritte unter www.zirkus-salto.de

TIPP: Ein paar Häuser weiter steht die historische Turn-halle des »Turn-Klubbs Hannover« von 1865, der von unzufriedenen Männern des »Männer-Turnvereins Hannover von 1848« gegründet wurde. Heute ist er der mitglieder-stärkste Verein der Stadt mit einem speziellen »Kids-Klubb«, der viele Angebote für Kinder bereithält. www.turn-klubb.de

68_ DAS ZUKUNFTS-
LABOR MINT

Kann man Flüssigkeiten stapeln?

Seit 2016 gibt es das Zukunftslabor MINT der Hochschule Hannover (HsH). Hier erleben Schüler und Schülerinnen neueste Technologien unter professioneller Anleitung. Ziel ist es, die Schüler aller Altersgruppen mit Experimenten für Mathematik, Informatik, Naturwissenschaften und Technik – kurz MINT – zu begeistern.

In der Primarstufe fragen sich die in Laborkittel gekleideten Schüler, wie das Rad ins Rollen kommt, ob man Flüssigkeiten stapeln kann oder warum Fische schweben können. Zwischendurch spielen sie mit dem Dino-Roboter, lassen sich ein Ständchen vom humanoiden Maschinenmenschen »Pepper« spielen oder programmieren mit Unterstützung wissenschaftlicher Hilfskräfte elektronisch gesteuertes Gerät aus Legosteinen. In der Sekundarstufe I zeigen die Studenten, wie man Elektronikschaltungen selbst löten oder Apps für Tablets oder Smartphones – oder sogar ein eigenes Computerspiel – programmieren kann. Angeboten werden auch Workshops mit NAO-Robotern, Arduino-Boards oder 3-D-Druckern. Sämtliches technisches Zubehör wird kostenlos zur Verfügung gestellt. Eine vorherige Anmeldung ist notwendig. Die Workshops sind in der Regel vormittags von 9 bis 13 Uhr. Einzelbesuche sind auf Nachfrage möglich. Beim Projekt »Alle machen MINT« können Schülerinnen und Schüler der Jahrgänge elf und zwölf ein einwöchiges »Studium auf Probe« absolvieren.

Adresse Bismarckstraße 2, 30173 Hannover-Südstadt, Tel. 0511/92963785, ursula.stuermer@hs-hannover.de // **ÖPNV** S-Bahn 1, 2, 4, 5 bis Bahnhof Bismarckstraße // **Öffnungszeiten** Sprechzeiten Di 12–15 Uhr, Anmeldung »Studium auf Probe« unter: www. mint.hs-hannover.de // ab Sekundarstufe // kostenlos

TIPP: Ganz in der Nähe liegt das »Pedelec-Café« der Hochschule Hannover. Hier werden 51 Pedelecs (Elektrofahrräder) verliehen, außerdem gibt es Livemusik und Fahrradreparaturen, Bismarckstraße 2, Tel. 0511/92963579, www.pedelecs.wp.hs-hannover.de.

69_DER KLOSTER-STOLLEN

Ab in den Berg

Bergbau rund um Hannover? Ja, das gab es wirklich. Der Klosterstollen Barsinghausen wurde 1856 angelegt und entwickelte sich zu einer großen Zechenanlage mit vier Schächten. Seit Mitte der 1980er Jahre bemühen sich ehemalige Bergleute darum, die Geschichte des Steinkohlebergbaus am Deister für die Nachwelt zu erhalten. Mit Erfolg. In das Kulturdenkmal Klosterstollen kann seit einigen Jahren sogar wieder mit der Grubenbahn eingefahren werden. Jeder Besucher bekommt einen Helm und bei Bedarf einen Fahrmantel und eine Grubenlampe – und dann kann man im Stollenmundloch in den Grubenzug einsteigen. Fast 1,5 Kilometer fährt er mit einer Steigung von 1,8 Grad in den Berg hinein. Der Zug hält dort, wo der Abbau der Kohle einst begann. Vorbereitungen einer Sprengung sind zu sehen, ebenso Wurfschaufellader, Bergbaumaschinen, Drucklufthammer und viele andere Geräte zur Gewinnung von Kohle am Kohleflöz sind funktionstüchtig und werden den Besuchern vorgeführt. Der Rundweg von circa 350 Metern führt durch die Grube und zeigt auch alte Strecken und verlassene Abbaustellen. Nach ungefähr zwei Stunden ist man mit dem Grubenzug wieder am Ausgangspunkt.

Unter Tage sind es ganzjährig neun Grad, deshalb sind warme Bekleidung und festes Schuhwerk zu empfehlen. Kindergeburtstage mit zehn Kindern und zwei Erwachsenen sind buchbar. Das Café »Glückauf« sorgt nach Absprache für das leibliche Wohl.

Adresse Hinterkampstraße 6, 30890 Barsinghausen // **Anfahrt** A 2 bis Abfahrt 38-Bad Nenndorf, weiter über B 65, rechts auf L 391, weiter bis Barsinghausen und Ausschilderung folgen // **Öffnungszeiten** nach Vereinbarung, Tel. 05105/514187, Mo – Fr 9.30 – 12.30 Uhr, www.klosterstollen.de // ab sechs Jahren, in Begleitung der Eltern

TIPP: Inmitten eines alten Steinbruchs liegt seit 1931 die »Deister-Freilicht-Bühne Barsinghausen e. V.«. Sie ist eine der größten und schönsten Waldbühnen in Niedersachsen. Jedes Jahr inszenieren Laienschauspieler des Vereins ein Kindertheaterstück und zwei weitere Stücke. Ludwig-Jahn-Straße 13, www.deister-freilicht-buehne.de

70_DER PFERDE- UND HOBBYTIERMARKT

Nicht alles hat vier Beine

Von April bis September dreht sich in Burgdorf an jedem dritten Samstag alles um die Tiere. Was Ende der 1970er Jahre als Pferdeschau begann, hat sich mittlerweile zu einem munteren Markttreiben mit Eventcharakter und vielen Aktionen für Kinder entwickelt. Pferde sind nur noch im hinteren Teil des Marktes zu sehen und gehören eher zum Rahmenprogramm, wie das bei Kindern beliebte Ponyreiten oder eine Pferdeshow. Dazu bereichern Kleinkünstler, verschiedene Mitmachaktionen und Ausstellungen das Marktgeschehen. Im Mittelpunkt stehen jedoch die über 150 Händler aus ganz Nordwestdeutschland. Sie offerieren an ihren Ständen alles, was Tierfreunde interessiert. Kaninchen, Hühner, Enten, Gänse, Esel, Ziegen, Wellensittiche, Kanarienvögel, Goldfische – aber auch Vogelkäfige, Trinkgefäße oder Dinge für den Pferdebedarf. Reger Andrang herrscht stets bei den Geflügelverkäufern, die Hühner oder Enten für den Transport nach Hause in bereitstehende Pappkartons verpacken.

Wer nach halb neun kommt, dem begegnen bereits etliche Marktbesucher mit verschnürten Kartons, denn kaufentschlossene Hühnerfreunde stehen früh auf. Im Frühjahr sind goldgelbe Entenküken ein besonderer Hingucker. Hier gilt es stark zu bleiben, wenn der eigene Nachwuchs den der Enten mit nach Hause nehmen will. Denn Küken wachsen schnell und müssen artgerecht gehalten werden.

TIPP: Wenige Meter weiter lädt die »Gläserne Pyramide« zu Speis und Trank ein, Kleiner Brückendamm 29, www.pyramide-burgdorf.de.

Adresse Kleiner Brückendamm,
31303 Burgdorf, www.vvvburgdorf.de //
ÖPNV S-Bahn S7 Richtung Celle,
Haltestelle Burgdorf, von dort durch die
Altstadt über die Marktstraße zum Markt //
Öffnungszeiten April–Sept. jeden dritten
Sa 8–13 Uhr // jedes Alter // kostenlos

71_DER SEGEL-FLUGPLATZ

Einmal fliegen und die Welt von oben sehen

In Ehlershausen kann der Traum vom Fliegen wahr werden. Im Luftsportverein (LSV) können Jugendliche einen Gastflug oder ein Schnupperwochenende absolvieren oder die Ausbildung zur Segelfluglizenz beginnen. In der LSV-Gruppe für Jugendliche ab 14 Jahren kann die Ausbildung zum Piloten angefangen werden, die zwischen zwei und vier Jahren dauert. Die Flugschüler sind dann mit einem der ehrenamtlichen Fluglehrer unterwegs. Wer schon alleine fliegen kann, wird nur vom Boden aus vom Fluglehrer unterstützt.

Besonders an Technik interessierte Jugendliche sind am Wochenende auf dem Flugplatz anzutreffen. Hier kann man bestaunen, wie das Segelflugzeug mit Hilfe einer Seilwinde »in die Luft« gebracht wird. Das auf einer Windetrommel aufgerollte Stahlseil beschleunigt auf über 100 Stundenkilometer. Wenn der richtige Bodenanstellwinkel der Tragflächen erreicht ist, hebt das Segelflugzeug ab. Hat es eine Höhe von mindestens 300 Metern erreicht, klinkt es sich automatisch aus. Dabei öffnet sich ein Fallschirm am Seilende, und das Schleppseil sinkt und wird kontrolliert wieder aufgewickelt. Ein hochwertiger Flugzeugpark steht den Jugendlichen zu fairen Preisen zur Verfügung. Unbemerkt von vielen hat es der LSV nicht nur bis in die Bundesliga geschafft, sondern sich sogar den Platz an der Spitze gesichert. Insgesamt wurde der Verein vier Mal deutscher Meister in der Segelflugbundesliga (2012, 2013, 2014 und 2016) und hat damit einen Rekord in der Geschichte der deutschen Segelfliegerei errungen.

Adresse Am Flugplatz 3, 31303 Burgdorf-Ehlershausen // **Anfahrt** B 3 bis Ausfahrt Ehlershausen, links in Ramlinger Straße, zweite Abzweigung rechts und Ausschilderung folgen // **Öffnungszeiten** Flugbetrieb April–Sept., aktuelle Termine unter www.lsv-burgdorf.de

TIPP: Seit 1898 befindet sich das Gasthaus Bähre gegenüber vom Bahnhof in Ehlershausen. Klassiker wie Spargel, Grünkohl mit Pinkel sowie Gänsebraten begründen den guten Ruf des Familienbetriebs. Ramlinger Straße 1, www.hotel-baehre.de

72_DAS BIO-WALDBAD

Hier wartet das Matschbad

 Am Rande von Feld und Wald liegt in Ramlingen ein kleines Badejuwel, das es eigentlich schon gar nicht mehr geben sollte. Nachdem es sich jahrzehntelang großer Beliebtheit erfreute, entsprach die Chlorgasanlage nicht mehr den heutigen hygienischen Standards. Der Weiterbestand des Waldbades stand mehr als nur ein bisschen auf der Kippe. Dank des engagierten Wirkens des Fördervereins konnte die Schließung des Bades abgewendet und die Technologie auf den neuesten Stand gebracht werden. Modernste Filtertechnologie macht nun eine biologische Reinigung des Wassers möglich. Das 33 Meter lange Schwimmbecken wird mit Brunnenwasser gefüllt, das durch einen Trockenfilter ständig gereinigt wird. Weil keinerlei Chemikalien verwendet werden, ist es wichtig, dass sich alle Schwimmer vor dem Sprung ins Wasser duschen und nur wasserfeste Sonnencreme verwenden. Das Wasser ist bestens für Kinder mit empfindlicher Haut geeignet.

Der besondere Clou des Waldbades ist die neu entstandene Matschanlage. Ursprünglich sollte das ehemalige Kinderbecken abgerissen werden. Statt diese kostenaufwendige Maßnahme durchzuführen, hatte der Förderverein eine bessere Idee. Das Becken blieb erhalten und wurde mit Sand gefüllt. Hier können die Kleinen nach Herzenslust rummatschen, bevor sie ins neue Kinderbecken springen, das mit Wasserkaskaden im oberen Teil des Geländes gebaut wurde und einen weiten Blick über die Wiesen und Wälder bietet. Höhepunkt der Saison ist jedes Jahr der Arschbombenwettbewerb.

TIPP: Seit 50 Jahren wird in Ramlingen das Erntefest mit großem Erntewagenumzug am letzten Septemberwochenende gefeiert.

Adresse Bio-Waldbad Ramlingen,
Grüne Allee 44, 31303 Burgdorf-Ramlingen,
www.ramlinger-waldbad.de // **Anfahrt** A 37/B 3
bis Ausfahrt Ehlershausen/Ramlingen, rechts
in Burgdorfer Straße, 1,2 Kilometer weiter
auf Messenberg, dann links in Grüne Allee //
Öffnungszeiten Mo – Fr 14 – 19 Uhr, Sa, So
und in den Ferien 12 – 19 Uhr

73_ DER TRINKWASSER-ERLEBNISPFAD

Wasser und Wald mit allen Sinnen erforschen

Der acht Kilometer lange Trinkwasser-Erlebnispfad liegt inmitten von Wald und Wiesen im Fuhrberger Feld – dem größten zusammenhängenden Wasserschutzgebiet Norddeutschlands. Er lässt sich zu Fuß oder mit dem Fahrrad erkunden. Gekennzeichnet ist er mit einem blauen Wellensymbol oder bunten Waldgeistern, gestaltet von Kindern aus der Wedemark. An 13 Mitmach- und Lernstationen können kleine und große Besucher auf eigene Faust (oder nach vorangegangener Anmeldung mit sachkundiger Führung) Wasser und Wald mit allen Sinnen erforschen.

Von der ersten Station an kann man den Weg des Wassers vom Regentropfen zum Trinkwasser verfolgen und dabei auch den Waldboden aus einer ganz neuen Perspektive kennenlernen, nämlich als Wasserfilter. Ein Baumlabyrinth mit über 2.000 Bäumen wurde 2011 von 700 Schülern angelegt und wächst gerade zu einer neuen Station heran. Die Hecke ist 720 Meter lang, und die Irrgartenwege erstrecken sich über 550 Meter. Seit 2016 leuchten den Besuchern blaue Striche von 700 Bäumen entgegen, sogar von einem Hochsitz. In alle Richtungen und gleichmäßig verteilt. Die blauen Striche gehören zum Kunstprojekt »Wasserstandslinie« und sind Sinnbild für den unterirdischen Oberflächenspiegel des Grundwassers. Es gibt auch Plätze zum Verweilen, an einem kann Wasser gepumpt werden. An der Station am Wasserwerk Fuhrberg kann man das frische Trinkwasser aus dem Fuhrberger Feld kostenlos aus dem Hahn probieren.

Adresse 30938 Burgwedel-Fuhrberg // **Anfahrt** Start und Ende am Parkplatz in der Kurve an der L310, kurz hinter Fuhrberg // **Öffnungszeiten** Besichtigung Wasserwerk: Termine über Tel. 0511/430-2607, www.enercity.de // jedes Alter // kostenlos

TIPP: In der Spargelwirtschaft Heuer in Fuhrberg wird rund um die Spargelzeit Spargel verkauft oder kann direkt im Festzelt gegessen werden, Trülldamm 5, Tel. 05135/92500-40, www.spargelhof-heuer.de.

74_ DER ZIEGENHOF

Kinder, die auf Ziegen starren

Ziegen sind neugierige kleine Kletterkünstler und waren in den 1960er Jahren in Deutschland fast ganz verschwunden. Jetzt feiert die Ziege ein Comeback. Seit über zehn Jahren hat sich der Ziegenhof Schümer der Haltung und Zucht von Milchziegen verschrieben, immerhin eines der ältesten Haustiere der Menschen. Um die 45 Mutterziegen tummeln sich ganzjährig auf dem Weidegelände – zusammen mit älteren Ziegendamen, Böcken und kleinen Zicklein. Die etwas scheueren Thüringer Waldziegen haben eine typische weiße Gesichtsmaske, ihre Farben variieren zwischen Hellbraun, Schokoladenbraun und Schwarz. Die Weiße Deutsche Edelziege ist wesentlich kontaktfreudiger. Gemeinsam ist ihnen, dass sie gerne gesellig in der Sonne liegen, wenn sie nicht gerade grasen.

Einmal im Jahr gibt es ein Hoffest, dann wird die große Weide zur größten Kuschelwiese weit und breit. Gruppenbesuche von Kindergärten oder zu Kindergeburtstagen sind nur nach Absprache möglich, aber der Blick über den Zaun ist jederzeit erlaubt. Abends gehen die Ziegen in den Stall, und morgens wird gemolken, bevor es wieder auf die Weide geht. In der hofeigenen Käserei wird die Milch in Handarbeit ganz natürlich weiterverarbeitet. Selbstverständlich ohne Konservierungsstoffe und Geschmacksverstärker. Für ein Kilo Käse braucht man zehn Liter Milch. Im eigenen Hofladen können diese Produkte gekauft werden. Mittlerweile ist noch eine Hühnerherde dazugekommen, die freien Zugang zum Ziegengehege hat.

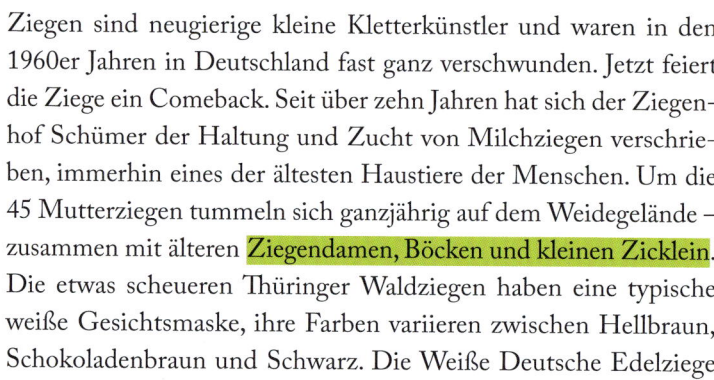

TIPP: Ganz in der Nähe steht die renovierte Bockwindmühle Wettmar. Sie ist jeden zweiten Sonntag von 14 bis 17 Uhr oder auf Anfrage geöffnet, Tel. 05139/2431.

Adresse Immenweg 11,
30938 Burgwedel-Wettmar,
Tel. 05139/958575,
www.ziegenhof-schuemer.de //
Anfahrt A 7 Ausfahrt
54-Großburgwedel, durch
Großburgwedel und
Kleinburgwedel Richtung
Wettmar, an der Kirche links
auf Celler Weg abbiegen
und der Ausschilderung
Ziegenhof Schümer folgen //
Öffnungszeiten Fr, Sa
10 – 12 Uhr und nach
Vereinbarung // ab
Kindergartenalter // kostenlos

75_ DER BLAUE SEE

Spaß an Wasser und Land

Der Blaue See ist ein Badesee mit 600 Meter langem weißen Sandstrand und steht für jede Menge Spaß. Sportlich ambitioniert geht es auf der »Wake & Ski«-Anlage zu. Im Pro Shop gibt es bei der Anmeldung einen passenden Neoprenanzug, unterschiedliche Wasserskier und Wakeboards zu leihen. Auf der 70 Quadratmeter großen Startplattform auf dem Bootssteg befindet sich der Einstieg in die Wasserskibahn, deren Technik an Skilifte erinnert. Neun Personen können gleichzeitig über das Wasser gezogen werden. Die Rundendistanz beträgt 750 Meter. Die Anlage ist als Meisterschaftsanlage für internationale Wettbewerbe konzipiert – wer weiß, was noch kommt. Für Anfänger gibt es auch einen kleinen Wasserskilift. Dort werden Wakeboardkurse angeboten.

Am Eingang befindet sich die »Adventure Golfbahn«. Zwischen Findlingen und Baumstämmen kann auf 14 unterschiedlich gestalteten Bahnen mit professionellen Golfputtern gespielt werden. Kleine Kinder können anschließend die 65 Meter lange Wasserrutsche hinabsausen oder sich auf dem Spielplatz tummeln. Für Ältere gibt es seit Neuestem die Möglichkeit, SUP (Stand-up-Paddling) auszuprobieren, in Gruppen ein Floß zu bauen, Boote zu mieten oder Beachvolleyball zu spielen. Es gibt drei überdachte Grillplätze. Aber auch die Gastronomie lockt. Hier können die Gäste im Liegestuhl – die Füße im Sand, über sich das Rauschen der Palmenblätter – dem munteren Treiben auf dem See zusehen. Beliebt sind Kindergeburtstagsfeiern am Anfängerwasserskilift und an der »Adventure Golfbahn«.

TIPP: Ein Wochenende am See. Gegenüber der Anlage befindet sich ein Zeltplatz mit Blockhütten. www.camping-blauer-see.de

Adresse Am Blauen See 119, 30823 Garbsen, www.wakeandski.de, Tel. 05137/89960 // **Anfahrt** A 2 bis Ausfahrt 41-Garbsen, im Kreisverkehr 3. Ausfahrt, nach 550 Metern auf Alte Ricklinger Straße // **Öffnungszeiten** Mitte April–Okt. // jedes Alter

76_DAS RÖMERLAGER

Wo Archäologen für die Römer kämpfen

30 Jahre lang versuchten die Römer, Germanien zu provinzialisieren. Im Süden Deutschlands waren sie recht erfolgreich. Im Norden eher weniger. Funde aus dem Jahr 2015 belegen nun, dass in Wilkenburg das bislang nördlichste Römerlager in Deutschland liegt. Archäologen sprechen vom landesweit größten römischen Bodendenkmal. Auf einer fast quadratischen Fläche von 500 bis 600 Metern Seitenlänge (rund 30 Hektar) campierten hier etwa 20.000 römische Soldaten. Die Wahl des Platzes für eine trockene Rast war mit Bedacht getroffen: Er liegt auf einer Sandkuppe im Gebiet der hier besonders engen Leineniederung und eignete sich so zur Querung. Für die Wasserversorgung gab es den Bach »Dicke Riede«.

Ausgrabungen haben einen Lagergraben von etwa einem Meter Tiefe ergeben. Drei der Ecken sind noch erhalten, nur die vierte wurde in jüngerer Zeit überbaut. Die Vielzahl von gefundenen Münzen und anderen Dingen lassen auf eine längere Nutzungsdauer des Marschlagers schließen. Die bisherigen Funde werden zu besonderen Anlässen gezeigt. Nicht enttäuscht sein: Eigentlich sieht man von dem Lager nichts mehr. Nur Kohl und Ackerfurchen. Drei Informationstafeln veranschaulichen das Römerlager; von der Römer AG Leine werden Führungen mit Erklärungen angeboten. Sie möchte auch ein Informationszentrum mit Lehrpfad und Aussichtsturm anlegen. Doch die Region will genau hier dem Kiesabbau grünes Licht geben. Noch ist der Ausgang dieses Kampfes offen. Solange gibt es weiter Führungen.

Adresse Dicken Riede 10, 30966 Hemmingen, www.roemerlager-wilkenburg.org // **Anfahrt** B 3 bis Arnum, links in Wilkenburger Straße/Wülfeler Straße abbiegen, wieder rechts abbiegen in Auf dem Sandberg, dann zweite links in Dicken Riede, Parkplatz vor den Kleingärten // ab Kindergartenalter // kostenlos

TIPP: Im Sundern befindet sich das zweitälteste Naturschutzgebiet Deutschlands, außerdem das Mausoleum von Graf Carl von Alten, der als Kommandeur an der Schlacht bei Waterloo teilnahm. Zurück zur Wülfeler Straße, rechts, dann links in Dörrieweg abbiegen, der zum Sundernweg wird. Von hier führt der Weg Im Sundern zum Mausoleum.

77_DIE MOORROUTE

Mit dem Rad von Moor zu Moor

Der gut 100 Kilometer lange Themenradweg verbindet die sieben Moorgebiete im Norden der Region Hannover miteinander. Damit niemandem die Puste ausgeht, wurde die Route in vier Etappen aufgeteilt. Die erste beginnt im Bereich des Altwarmbüchener Moors und endet in Bissendorf. Start ist an der Stadtbahnhaltestelle in Altwarmbüchen. Von hier führt der Weg zum Altwarmbüchener See. Vorbei an den Badestränden geht es mit Blick auf grasende Pferde weiter Richtung Oldhorster Moor, dann wird Isernhagen durchquert und schließlich Bissendorf angesteuert. Die zweite Etappe führt von Bissendorf nach Neustadt am Rübenberge. Gleich zu Beginn der Tour kann man einen Abstecher zu einem acht Meter hohen Aussichtsturm machen und einen Blick auf das naturnahe Hochmoor werfen. Die dritte Etappe geht durchs Tote Moor über Schneeren bis zum Steinhuder Meer. Das Abtorfungsgebiet dieses Moors zeigt, wie stark der Mensch die Landschaft verändert hat. Auf der einen Seite sind Sanddünen mit überraschender Heidelandschaft, auf der anderen endlos lange Reihen gestapelter Torfsoden, braune Moorflächen, dazwischen Gleise. Die Abtorfung von circa 70.000 Kubikmetern erfolgt von März bis November. Die Schienen-Torfbahn transportiert alles zum Torfwerk, wo der Torf maschinell verarbeitet wird. Nach dem Abbau werden die Flächen vom Torfwerk renaturiert und wiedervernässt. Die vierte Etappe der Moorroute umrundet das Steinhuder Meer.

Alle Anfangs- und Endpunkte sind mit den öffentlichen Verkehrsmitteln zu erreichen.

TIPP: Wenn man auf der Route 4 unterwegs ist, empfiehlt sich eine Einkehr in der Aalräucherei »Alte Schmiede«, Mardorfer Straße 24, oder im Restaurant »Alte Schule«, Mardorfer Straße 8.

Adresse Startpunkt Moorroute: Stadtbahnlinie 3, Haltestelle Altwarmbüchen/Opelstraße, 30916 Isernhagen-Altwarmbüchen; von dort der Ausschilderung Moorroute folgen; die Karte kann unter www.hannover.de heruntergeladen werden, Stichwort: Von Moor zu Moor // kostenlos

78_DER HOCHSEIL-GARTEN

Klettern wie im Fluch der Karibik

An der Grenze zwischen Isernhagen und Langenhagen lädt der PirateRock-Hochseilgarten im Piratenschifflook zum Klettern mit unterschiedlichen Schwierigkeitsstufen ein. Auf drei Parcours können sich Kinder und Jugendliche von Seil zu Seil hangeln, auf Masten klettern oder einen Sprung von der Planke wagen. Die Parcours sind wie Skipisten gekennzeichnet. Der leichteste Parcours (blau) ist für Klet(t)ereinsteiger. Zwei Seilrutschen mit einer Länge von 70 Metern sorgen für Spaß. Beim mittelschweren Parcours (rot) gibt es acht Kletterelemente, wie Rettungsboot und Abseilstation. Erfahrene Kletterer springen, klettern und balancieren im schwarzen Parcours auf neun Kletterelementen über Netze und Baumstämme. In zehn Metern Höhe sorgt das für Piratenfeeling mit Adrenalinstößen. Aber keine Angst: Sicherheit wird hier ganz großgeschrieben.

Vor Beginn bekommt jeder Helm und Gurt, dazu eine Einweisung in das Sicherungssystem durch die Guides, auch Piratencrew genannt. Herzstück der Schutzmaßnahmen sind zwei miteinander kommunizierende Karabiner: Ist der eine offen, lässt sich der zweite nicht versehentlich öffnen. Fehlerhafte Bedienungen sind so ausgeschlossen, und Kinder ab acht Jahren können sich auch ohne aktive Begleitung von Erwachsenen ins Abenteuer stürzen. Wer seine eigenen Fähigkeiten beim Klettern überschätzt und sich zu weit vorgewagt hat, wird auf Wunsch von den Guides wieder abgeseilt. Beliebt ist das Klettern auch für Geburtstagsfeiern.

TIPP: Der benachbarte Hufeisensee lädt mit seinem Sandstrand zum Baden oder Picknicken ein.

Adresse Landwehrdamm 11, 30916 Isernhagen-HB, Tel. 0521/32992020, www.piraterock.de // **ÖPNV** Stadtbahnlinie 1 bis Haltestelle Langenhagen Zentrum, dann mit Bus 650 Richtung Großburgwedel bis Haltestelle Isernhagen HB Wietzepark, von dort 2 Minuten Fußweg // **Öffnungszeiten** März–Nov. Fr ab 14 Uhr, Sa, So und an Feiertagen ab 10 Uhr, in den niedersächsischen und nordrhein-westfälischen Ferien täglich ab 10 Uhr und nach Vereinbarung // ab acht Jahren ohne Begleitung von Erwachsenen

79_DAS BAUERNHAUS-MUSEUM

Leben und arbeiten im Bauernhaus vor 100 Jahren

Viele Orte der Region und viele Stadtteile Hannovers waren früher Bauerndörfer. Das können sich Kinder gar nicht mehr vorstellen, denn die Neubaugebiete haben sie geschluckt. Das »Nordhannoversche Bauernhaus Museum« wurde gegründet, um die Arbeits- und Lebenswelten der Bauern im Norden von Hannover vor mehr als 100 Jahren widerzuspiegeln und vor dem Vergessen zu retten. Untergebracht sind die zusammengetragenen Exponate in einem typischen Zweiständer-Hallenhaus, einem ländlichen Baudenkmal. Kein Wunder: Der Wöhler-Dusche-Hof ist über 400 Jahre alt und liegt auf einer langen, rechteckigen Hagenhufenparzelle, der damals typischen Anlageform eines Bauernhofes. Die ehrenamtlichen Mitglieder des Vereins legten selbst Hand an, ob in der Bau-, Back- oder Gartengruppe. So wurde unter anderem der Wohnbereich wieder in den ursprünglichen Zustand versetzt – mit »guter Stube« und Schlafzimmer.

Jährlich wechselnde Ausstellungen beleuchten Themen wie Hopfenhandel, Hochzeitsbräuche und Eheverträge. Das museumspädagogische Angebot richtet sich insbesondere an Kinder und Schulklassen. Im renovierten Backhaus wird gemeinsam gebacken, in der Diele gewaschen. Besonderes Augenmerk gilt dem wiederbelebten Bauerngarten hinter dem Fachwerkhaus. In den mit Buchsbaum eingefassten Beeten gedeihen nicht nur Kräuter und Bauernblumen. Hier sprießen Erbsen, Bohnen, Grünkohl und Beeren. Am Wochenende gibt es selbst gebackenen Kuchen.

TIPP: Ein Spaziergang von Am Ortfelde über die Breitentrift. Von dort kann man einen Blick auf das »Seefugium« werfen, wo Präsident Obama genächtigt hat.

Adresse Am Ortfelde 40, 30916 Isernhagen-NB //
ÖPNV Stadtbahn 9 bis Endstation, dort Bus 620
bis Haltestelle Isernhagen NB »Auf dem
Windmühlenberge«, von dort 300 Meter die Straße
»Am Ortfelde« Richtung Langenhagen gehen,
das Museum befindet sich auf der linken Seite //
Öffnungszeiten Anfang Mai bis zum Erntedankfest
So 11–17 Uhr, Anmeldung für Führungen von
Gruppen und Schulklassen unter Tel. 0160/95118550,
www.bauernhausmuseum-isernhagen.de //
ab Kindergartenalter // kostenlos

80_DAS KART-O-MANIA

Ich geb Gas, ich geb Gas

Wer die Tür zur Halle der Kartbahn in Laatzen öffnet, betritt eine eigene Welt. Der Geruch von Benzin und Gummiabrieb liegt in der Luft, Motoren dröhnen. Gerne geben Erwachsene auf der Rennbahn Gas. Aber nicht nur! Am Samstagvormittag findet der Junior Club statt. Hier können Mädchen und Jungs von sechs bis 16 Jahren Kartfahren und das dazugehörige »Drumherum« lernen. Das fängt an bei der Frage, wie ein Kart und sein Rasenmähermotor funktioniert. Das sportliche Verhalten den anderen Teilnehmern gegenüber wird in der zweistündigen Trainingseinheit genauso ernst genommen wie das Erlernen der Flaggenkunde-Spielregeln. Die Sicherheit der jungen Fahrer steht im Vordergrund. Gefährlich ist das Kartfahren nicht, der tiefe Schwerpunkt der Fahrzeuge und die umlaufende Metallleiste verhindern das Umkippen der Fahrzeuge. Außerdem ist das Tragen eines Schutzhelmes Pflicht, er wird kostenlos zur Verfügung gestellt. Aus hygienischen Gründen wird unter dem knallroten Leihhelm eine Sturmhaube getragen, die erworben werden muss. Nach den Einweisungen geht es los. Während die Kinder ihre Runden drehen, stehen vorzugsweise die Väter am Rand und verfolgen live und an den Monitoren das Rennen und die Rennzeiten ihrer Sprösslinge.

Die 450 Meter lange kurvenreiche Bahn wird höchsten Ansprüchen gerecht. Alle Karts sind TÜV-geprüft und werden regelmäßig gewartet. Auch für Geburtstage oder Schulklassen kann die Kartbahn gebucht werden. Ein Gastronomiebereich ist vorhanden.

TIPP: Und hinterher ein bisschen frische Luft im Expo-Park Süd schnuppern (Grünfläche direkt hinter dem Expowal), Debberoder Straße.

Adresse Magdeburger Straße 9, 30880 Laatzen/Gewerbegebiet Rethen-Nord //
ÖPNV Stadtbahnlinie 1, Haltestelle Laatzen, Rethener Winkel //
Öffnungszeiten Juniorclub Sa 9–11 Uhr, Infos zu weiteren Öffnungszeiten und
Preisen: Tel. 0510/293500 oder www.kartomania-laatzen.de // ab sechs Jahren

81_ DIE LEINE-MASCH-RUNDE

Pedal-Gokart-Safari geht immer – auch bei Regen

Laatzens Stadtgebiet wird von der Leine und den dazugehörigen Wiesen begrenzt. Mittlerweile sind in diesem Überflutungsgebiet nicht nur Biber, sondern auch Ringelnattern gesichtet worden. Beide Tierarten sollte man einfach in Ruhe lassen. Immer häufiger begegnet man dort auch der Pedal-Gokart-Safari. Den teilnehmenden Kindern und Jugendlichen werden ihrer Größe entsprechende Gokarts zugewiesen und die Sitze passend eingestellt. Nach einer lustig animierten Sicherheitseinweisung zur Rücksichtnahme auf die weiteren Verkehrsteilnehmer und Besucher der Leinemasch sowie auf die dort lebenden Tiere geht es in Kolonne erst auf einem befestigten Weg los, dann fährt die Gruppe über einen Naturweg mit vielen Kurven in die Leinewiesen hinein. Vorbei an der historischen Leinebrücke führt die Route zu einem überdachten Aussichtsturm mit Blick auf die Leine. Zum Abschluss bekommen alle Teilnehmer einen Gokart-Führerschein.

Schlechtwettersorgen gibt es bei dieser Tour nicht. Kinder brettern mit den Gokarts auch gerne durch Pfützen. Trockene Kleidung für hinterher ist eher empfohlen. Die abwechslungsreiche Safari von eineinhalb Stunden Dauer wird vom Veranstalter für Gruppen von zehn bis 30 Teilnehmern (ideal für Kindergeburtstage, Vereine und Schulklassen) auch an »Wunschorten« durchgeführt. Sogar bei Dunkelheit. Dafür stehen Berg-Gokarts mit Beleuchtung zur Verfügung. Auch für ein Picknick kann gesorgt werden. Demnächst werden sogar Touren mit e-Gokarts angeboten.

Adresse Peterskamp, 30880 Laatzen, Tel. 01704866700, www.gokart-team.de // **ÖPNV** Stadtbahnlinie 1 und 2, Haltestelle Laatzen Krankenhaus, ein Stück zurückgehen und dann 2. Straße links // **Öffnungszeiten** Termine nach Absprache // ab fünf Jahren

TIPP: Hinterher lohnt ein Besuch im »Wiesendachhaus«. Dort ist nicht nur ein Spielplatz vorhanden, sondern auch Stallungen mit Wildtieren. Zum Fugenwinkel, Laatzen

82_DAS LUFTFAHRT-MUSEUM

Ein Tempel für Luftfahrzeuge

Am Anfang stand die Leidenschaft eines einzelnen Mannes für Flugzeuge und das Sammeln von entsprechenden Exponaten. Günter Leonhardts Haus entwickelte sich mehr und mehr zu einem Museumsdepot, und so entschloss sich der umtriebige Geschäftsmann vor über 25 Jahren zum Aufbau eines richtigen Museums. Die mehr als 4.500 Exponate versuchen die Faszination der Luftfahrt auf 3.500 Quadratmetern zu veranschaulichen, zeigen ihre Geschichte und wollen junge Menschen für technische Berufe begeistern.

Nicht nur aus diesem Grund widmet sich das Museum ausführlich dem Flugzeugpionier Karl Jatho, der 1903 erste Flugsprünge mit seinem selbst konstruierten »Jatho-Drachen« auf dem Gelände der Vahrenwalder Heide machte. 37 Flugzeuge in Originalgröße können bestaunt werden. Es gibt Ein-, Doppel- und Dreidecker – bis hin zum ersten Ganzmetall-Verkehrsflugzeug der Welt, der Junkers F 13. Ausgestellt ist auch das Klemm-Leichtflugzeugmodell, mit dem die hannoversche Flugpionierin Elly Beinhorn 1931 bis 1932 die Welt umrundete. Ohne Funk, Radar und Navigationssystem. Ergänzt werden diese Originale durch etwa 850 Flugmodelle in unterschiedlichen Maßstäben, aber auch durch eine große Sammlung von Turbinen- und Kolbenmotoren. Wie funktioniert ein Motor? Technik zum Anfassen soll diese Frage klären. Last, not least: Eine umfangreiche Sammlung von Uniformen, Fliegerbekleidung und Luftfahrtzubehör ist zu bestaunen.

Adresse Ulmer Straße 2, 30880 Laatzen, Tel. 0511/8791791-92, www.luftfahrtmuseum-hannover.de // **Anfahrt** ab Aegidientorplatz Hildesheimer Straße 7 Kilometer folgen, links in Kronsbergstraße, rechts auf Karlsruher Straße, links in Ulmer Straße // **Öffnungszeiten** Di–So 10–17 Uhr // ab fünf Jahren

Der Weltkrieg 1914 - 1918
Die Luftfahrt verliert ihre Unschul...

Fok DRI 425/

TIPP: Lohnend ist ein Besuch der
Expo-Gärten »Parc Agricole«, »Expo-Park
Süd« und »Gärten im Wandel« am Sydney
Garden auf dem ehemaligen Expo-Gelände.

83_DER PARK DER SINNE

Sehen, hören, schmecken, fühlen, riechen

Ein Park für die sinnliche Vielfalt ist im Rahmen der Expo auf dem Gelände einer ehemaligen Mülldeponie zwischen den Landschaftsschutzgebieten »Mastbrucher Holz« und »Leineaue« entstanden. Der Park möchte Anleitungen zur »Selbsterfahrung durch Eigentätigkeit« geben, um zu einem Leben in »vollem Sinne« zu verhelfen. Das hört sich zuerst einmal hochtrabend an. Gemeint ist damit, dass im Park alle Sinne der Besucher angesprochen werden sollen. An 38 Erlebnisstationen können die vier Elemente Luft, Wasser, Feuer, Erde mit allen Sinnesorganen wahrgenommen werden. Dabei helfen die Moislinger Klangschale, Wackelbalken oder das Steinpendel. Jede Station fordert zum Sehen, Hören, Fühlen, Schmecken und Riechen auf.

Hauptthema ist das lebensspendende Wasser, das sich thematisch durch den ganzen Park zieht. So laden Bachlauf und Teich mit Drehelementen zum Planschen und Experimentieren ein. Da werden selbst Väter wieder zu Kindern und spielen mit den Kleinen um die Wette. Es gibt jedoch noch mehr Attraktionen.

In der Mitte des Parks lockt das Tal der Schmetterlinge. 15.000 Wildrosen verströmen ihre zarten Aromen im Garten der Düfte. Der Förderverein Park der Sinne erweitert ständig das Spektrum. So werden neben Yoga und Pilates auch Solarkino und ein Laternenfest angeboten. Aktuelle Veranstaltungen für die ganze Familie stehen auf der Homepage. Seit 2011 gibt es ein Café-Bistro im »Gartenhaus«, das bei gutem Wetter geöffnet ist.

TIPP: Das »AquaLaatzium« ist ganz in der Nähe und lädt mit seiner Schwimm- und Saunawelt zum Besuch ein. Hildesheimer Straße 118, www.aqualaatzium.de

Adresse Karlsruher Straße 101, 30880 Laatzen // **ÖPNV** Stadtbahnlinie 1, Haltestelle Park der Sinne // **Öffnungszeiten** ganzjährig 8 Uhr bis Einbruch der Dunkelheit; Infostation: Ostermontag–31. Okt. bei gutem Wetter 8–18 Uhr geöffnet, Tel. 0511/8756874, Kontakt Stadt Laatzen Tel. 0511/82056704 oder Förderverein unter www.verein-park-der-sinne.de; Öffnungszeiten Café: Ostermontag–31. Okt. Di–Fr 11–18 Uhr, Sa, So 10–18 Uhr (Zeiten können wetterabhängig variieren) // jedes Alter // kostenlos

84_ DAS RENNCENTER

Raus aus der Stube, auf zum Slotracing

Seit über 50 Jahren werden auf Carrera-Rennbahnen in Kinder- und Wohnzimmern Autorennen gefahren. Die im RennCenterHannover aufgebauten Anlagen haben mit diesen nur das Grundprinzip der elektrischen Rennbahn und die Streckennamen wie Avus oder Monaco gemeinsam. Auf 370 Quadratmetern sind fünf verschiedene Rennstrecken nebeneinander aufgebaut. Die Bahnen haben jeweils eine Streckenlänge von 21 bis 40 Metern und bis zu fünf Spuren. Außerdem sind sie in einer komfortablen Bedienhöhe aufgebaut. Alle Bahnen sind Spezialanfertigungen, die sich an den echten Rennstrecken orientieren.

Die Catalunya-Bahn eignet sich besonders für Kinder ab sechs Jahren, die klassische Carrera-Avus-Bahn für Kinder ab zehn Jahren. Die Rennen können mit Zeitmessung gefahren werden, mit mehreren Personen macht das riesigen Spaß. Das eigene Carrera-Auto darf mitgebracht oder ein Carrera-Porsche ausgeliehen werden. Sportlich ambitionierter geht es beim Slotracing (übersetzt: »Schlitzrennen«) auf den drei handgefrästen Holzbahnen zu. In diesem wettbewerbsorientierten Modellsport wird nicht einfach im Kreis gefahren, hier werden Rennen mit einer Geschwindigkeit von circa 30 Stundenkilometern ausgetragen. Jeder Fahrer muss fünf Minuten auf jeder Fahrspur absolvieren und möglichst viele Runden sammeln. Die Fahrer bringen sogar mobile Werkstattkoffer mit, um ihre Fahrzeuge zu optimieren. Ölfässer und alte Rennreifen als Tische sorgen beim Boxenstopp für das passende Ambiente. Bei Kindergeburtstagen gibt es die Auswahl zwischen drei Angebotspaketen.

Adresse Hildesheimer Straße 54a/b, 30880 Laatzen, Tel. 0511/70035617, www.renncenterhannover.de // **ÖPNV** Stadtbahnlinie 1 und 2, Haltestelle Eichstraße/Messebahnhof // **Öffnungszeiten** Mi, Do, Fr 15−21 Uhr, Sa 10−22 Uhr, So 12−20 Uhr // ab sechs Jahren

TIPP: Mel's Diner im original amerikanischen silbernen Trailer mit dem Flair der 1950er Jahre. Hier kann man sich Burger selbst zusammenstellen, aber auch Pfannkuchen mit Ahornsirup essen. Hildesheimer Straße 83, Tel. 0511/862310, mobile.mels-diner.de

85_ DIE AIRPORT- ERLEBNISWELT

Die ganze Welt des Fliegens

Schon immer wollte der Mensch fliegen. Die Ausstellung »Traum vom Fliegen« beginnt bei Ikarus' Wunsch zu fliegen und berichtet von den Versuchen Leonardo da Vincis, Flugapparate zu erfinden. Sie reicht weiter von Karl Jatho über Otto Lilienthal bis hin zu modernen Jets. Neu hinzugekommen ist in der Erlebniswelt Hannover Airport das Schall-Labor mit vielen Informationen. Mit Hilfe von interaktiven Exponaten werden in der Abteilung »Physik des Fliegens« physikalische Phänomene spielerisch erklärt.

Absolutes Highlight sind dabei die originalgetreuen Flugsimulatoren vom Typ Airbus A320 und Boeing B737. An originalen Instrumenten können Besucher ab zwölf Jahren sich nach vorheriger Anmeldung als Pilot versuchen. Es wird ein realitätsgetreues Flugerlebnis geboten, wie man es sonst nur in Trainingszentren großer Airlines oder im Cockpit eines echten Flugzeugs erfahren kann. Ein »Instruktor« weist den »Piloten« im Schnelldurchlauf in die Bedienung der Hebel, Klappen, Vorflügel und Schubhebel ein, bevor zum virtuellen Flug gestartet wird. Interessierte können aus 24.000 verschiedenen Flügen auswählen. Insgesamt sollte man eineinhalb Stunden Zeit einplanen. Auf der 1.500 Quadratmeter großen Aussichtsterrasse gibt es für die Kleinen den Kids Airport, einen Spielplatz mit knallgelbem Flugzeug und Bobbycars.

> **TIPP:** Zwischen Oster- und Herbstferien können Sie im Gate 66 eine Kindergeburtstags-Fliegerparty auf der 360-Grad-Aussichtsterrasse feiern. Führungen hinter den Kulissen sind als Zusatzpaket buchbar. Tel. 0511/9772687, www.moevenpick-restaurants.com/hannover-airport

Adresse Erlebniswelt Hannover Airport, Flughafenstraße 4, 30855 Langenhagen, Tel. 0511/9771238, www.hannover-airport.de/erlebniswelt // **ÖPNV** ab Hauptbahnhof S-Bahn 5 bis Haltestelle Flughafen // **Öffnungszeiten** Mo–Fr 9–18 Uhr, Sa, So 10–19 Uhr // Flugsimulator ab zwölf Jahren

86_ DIE KINDERMAL-SCHULE PALIGA

Hilf mir, es selbst zu tun

In den Gemeinderäumen der Elisabethkirche gibt es seit über zehn Jahren die Kindermalschule Paliga, die nach dem Prinzip der Montessori-Pädagogik arbeitet. Zeichnen, kritzeln, töpfern, filzen, Mosaike legen oder an der Staffelei malen – der Kreativität und den Experimenten werden keine Grenzen gesetzt. Die Kinder und Jugendlichen sollen ihre Erlebnisse verarbeiten und eigene Erfahrungen und Beobachtungen zum Ausdruck bringen. Wichtig ist der Leiterin, der Erzieherin und studierten Diplomkünstlerin Urszula Paliga, dass die Kinder ihr Tun genießen. Motto: Nicht das Ergebnis soll für die Kinder wichtig sein, sondern das Erlebnis an sich. Im spielerisch aufbereiteten Kunstunterricht lernen sie verschiedene Materialien und Techniken kennen und wie man sie praktisch einsetzt.

Um auf alle Bedürfnisse einzugehen, wird individuell und nach Alter gestaffelt. Für die unbegrenzt laufenden Gruppen von bis zu acht Kindern ist eine Anmeldung erforderlich. Zu den fortlaufenden Gruppenangeboten kommen zusätzliche Projekte mit Kindern, Eltern und Jugendlichen an speziellen Wochenendterminen, die auf der Homepage angekündigt werden, ebenso wie die speziellen Ferienangebote. Außerdem besteht die Möglichkeit, den Kindergeburtstag ins Atelier zu verlegen und dort zum Beispiel auf einer Leinwand zu malen, zu filzen, zu basteln oder zu töpfern – je nach Interessenlage des Geburtstagskindes.

TIPP: Nur ein paar Schritte entfernt liegt der Mehrgenerationen-Bewegungspark, der vielen als wahres Paradies für Groß und Klein gilt. Es gibt viele Spielgeräte und Klettergerüste, Rasenflächen zum Ballspielen, einen Bouleplatz und Picknickplätze.

Adresse Kirchplatz 7, 30853 Langenhagen, Tel. 0511/2359167 oder 0174/6218282, www.kindermalschule-paliga.de // **ÖPNV** Stadtbahnlinie 1 bis Langenhagen Zentrum, dann Bus 122 bis Elisabethkirche // **Öffnungszeiten** feste Kurse Mo, Di, Do 16–18 Uhr, jeden zweiten Sa 11–13 Uhr offenes Kinderatelier (Anmeldungen erbeten) // ab drei Jahren

87_DIE NEUE BULT

Familienrennbahn mit vielen Überraschungen

Über 150 Jahre gibt es den Hannoverschen Rennverein e. V. mittlerweile. Er ist der älteste Sportverein Hannovers und hat sich in den letzten Jahren zur Familienrennbahn gemausert. Jährlich finden acht bis zehn Renntage statt, zu denen zwischen 10.000 und 20.000 Menschen strömen. Viele Besucher kommen mit Kind, Hund und Kegel – nicht zu vergessen Decken und Picknickkörben –, um die spannenden Rennen auf dem Geläuf und an den Großleinwänden zu verfolgen. Spezielle Familienrenntage sorgen vor dem Renngebäude für ein abwechslungsreiches Kinderprogramm. Auf einem Pferdesimulator können die Kleinen ihr Talent als Jockey ausprobieren, und auf Ponys sind erste Reitversuche möglich. Im Kinder-Spielland gibt es wechselnde Angebote, wie zum Beispiel ein Rennen auf aufgeblasenen Plastikpferden in einer ebenfalls aufgeblasenen Rennbahn. Im Mittelpunkt stehen natürlich die echten Pferderennen.

Seit 1973 hat die Galopprennbahn ihr Quartier in Langenhagen, an der Neuen Bult. Dieser Name spielt auf zwei frühere Standorte an, die im trockenen Bereich von Regenmoorgebieten in Hannovers Süden lagen. Auf dem 72 Hektar großen Gelände gibt es drei Sand- und zwei Grasbahnen, zahlreiche Koppeln und zwei Reithallen. Die Trainingsbedingungen in Langenhagen werden bundesweit als ideal bezeichnet. Vier Trainer sind hier mit rund 100 Vollblütern untergebracht, viele der Pferde zählen zur Elite Deutschlands. Mitglieder des Vereins können die vier Trainingsställe an ausgewählten Terminen besichtigen.

Adresse Hannoverscher Rennverein e. V.,
Theodor-Heuss-Straße 41, 30853 Langenhagen,
www.neuebult.com // **Anfahrt** A 2 Abfahrt
44-Langenhagen, rechts in Emil-Berliner Straße,
am Ende links halten und der Ausschilderung folgen //
Kinder bis neun Jahre kostenlos

TIPP: Seit Herbst 2017 lockt die »Wasserwelt Langenhagen« mit einer fast 100 Meter langen Rutsche und sieben Wasserbecken, Theodor-Heuss-Straße 60, www.wasserwelt-langenhagen.de.

88_DAS TIERHEIM

Hier warten Hunde, Katzen, Kaninchen & Co

Viele Kinder möchten unbedingt ein Meerschweinchen, eine Katze oder einen Hund haben. Häufig wehren Eltern die Bitte mit dem Hintergedanken ab, dass die Begeisterung nicht lange hält. Und damit haben sie sicher nicht unrecht. Seit 1967 finden jährlich um die 4.000 Haustiere auf dem 1,6 Hektar großen Gelände rund um ein ehemaliges Bauernhaus in Evershorst ein meist vorübergehendes, manchmal aber auch dauerhaftes Zuhause. Der Grund ist, dass die Tiere von ihren Haltern aus unterschiedlichen Gründen nicht mehr versorgt werden können. Da die Weitervermittlung der Tiere im Vordergrund steht, sind die Pforten des Tierheims für Tierfreunde regelmäßig geöffnet.

Im neu gebauten Katzenhaus können Eltern mit ihren Kindern vorbeischauen, in Absprache mit den Tierpflegern erste Streichelkontakte mit Katzen aufnehmen und prüfen, wie begeistert der eigene Nachwuchs tatsächlich von den Vierbeinern ist. Patenschaften und eine spätere Vermittlung nach Hause sind möglich. Auch zukünftige Hundebesitzer können sich vor der Entscheidung für einen neuen Hausgenossen erst mit ihm anfreunden und auf Probe Gassi gehen. Allerdings dürfen aus versicherungstechnischen Gründen nur Volljährige die Hunde selbst an der Leine führen. Geplant sind eine Erweiterung des Areals um 7.000 Quadratmeter und der Bau eines neuen Hundegeländes. Der Traum von einer zwingerfreien Hundeunterbringung ist in greifbare Nähe gerückt. Es sind allerdings noch Spenden nötig, da das Tierheim keine kommunale Einrichtung ist.

Adresse Evershorster Straße 80, 30855 Langenhagen, Tel. 0511/9733980, www.tierheim-hannover.de // **Anfahrt** über Vahrenwalder und Walsroder Straße und Ausschilderung Tierheim folgen // **Öffnungszeiten** Mo, Di, Do 13–16 Uhr, Fr 13–18 Uhr, Sa 11–16 Uhr // ab zehn Jahren // kostenlos

TIPP: Nach Absprache sind bei Kindergeburtstagen Führungen im Tierheim möglich. Der neue Raum für Gruppenveranstaltungen kann anschließend den Eltern und Kindern zur Verfügung gestellt werden, über eine Spende freut sich das Tierheim. Kontakt über marlies.fabisch@tierheim-hannover.de oder Tel. 0175/8193511

89_ DAS ALPAKAGESTÜT

Flauschige Herdentiere mit wilder Haarpracht

Am äußersten Ortsrand von Langenhagen liegt seit einiger Zeit eine Alpakafarm. Neugierig und mit aufmerksamem Blick stehen die langbeinigen Tiere auf der Weide vor dem gepflegten Offenstall mit angrenzendem Sandauslauf, wenn sie nicht gerade am Gras knabbern. Die Alpakaherde wächst, gerade wurden »Karl von Kananohe« und »Klara« nach zwölf Monaten Tragezeit geboren. Die Tiere mit dem begehrten feinen Wollvlies gehören zur Gattung der Neuweltkameliden, der höckerlosen Kamele Südamerikas.

Alpakas sind Paarhufer. Die Sohlen ihrer beiden Zehen sind mit dicken, federnden Schwielen gepolstert. Als Haustiere werden sie seit 7.000 Jahren gehalten und gehören damit zu den ältesten Nutztieren der Menschheit. Die aufmerksamen und lernfähigen Tiere sind äußerst friedlich. Nur wenn es innerhalb der Rangordnung Probleme gibt oder sie sich um das Mineralfutter streiten, spucken sie sich schon einmal an.

Im Hofladen können Produkte rund um das Alpaka gekauft werden. Von der eigenen Wolle der Tiere, ungefärbt und gekennzeichnet mit dem Namen der Tiere, über handgestrickte Schals und Mützen bis zum selbst produzierten Alpaka-Bio-Bodendünger. Spaziergänge mit den am Halfter angeleinten Alpakas durch das Landschaftsschutzgebiet der Wietze können nach Absprache mit etwa acht Kindern und begleitendem Elternteil durchgeführt werden. Zuvor wird in der Regel ein Alpaka-Führerschein erworben, um das Verständnis für diese Tierart zu erweitern.

TIPP: In Kaltenweide steht eine Bockwindmühle von 1602, die noch funktionsfähig ist. Sie ist die zweitälteste Mühle Norddeutschlands. Besichtigung (in der Regel) So von 10 bis 12 Uhr und nach Absprache mit Charlotte Holzhausen, Tel. 0511/777481

Adresse Kananohe 11, 30855 Langenhagen-Kananohe, www.alpakas-hannover.de //
Anfahrt über Vahrenwalder und Walsroder Straße bis Kaltenweide, dann links
nach Kananohe abbiegen, zwei Kilometer hinter dem Ortsausgangsschild von
Kaltenweide links in die Straße Kananohe abbiegen und am Ende der Straße
wieder rechts bis Nummer 11 // **Öffnungszeiten** Fr 14 – 18 Uhr, Sa 11 – 16 Uhr
und nach telefonischer Vereinbarung unter Tel. 0511/94040418 oder
0173/9530064 // gucken geht in jedem Alter, ausführen ab acht Jahren

90_ DAS MUSEUMS-STELLWERK

Modelleisenbahn: Klein aber oho!

Nachdem das Stellwerk stillgelegt wurde, mietete der Modelleisenbahnverein Lehrte die historische Anlage. Sie ist noch heute einsatzbereit, selbst die ursprüngliche Mechanik des Stellwerks ist funktionstüchtig. An der mechanischen Zugsicherungseinrichtung aus dem Jahr 1912 können die Besucher des Technikmuseums selbst Hand anlegen. Im beheizten Untergeschoss des ältesten mechanischen Museumsstellwerks in Norddeutschland befindet sich zudem eine 21 Meter lange und drei Meter breite Modelleisenbahnanlage. Sie zeigt den Personenbahnhof der Stadt Lehrte im Jahr 1960 als Miniatur mit mehr als 30 Zügen und über 250 Minifiguren. Die Eisenbahnanlage ist in der Nenngröße H0. Das ist ein Maßstab von 1:87 und bedeutet 16,5 Millimeter Spurweite.

Die Mitglieder des Modelleisenbahnvereins haben mehrere 100 Meter Gleise verlegt, auf denen jetzt Dampf- und Diesellokmodelle durch die Eisenbahnerstadt fahren. Ob Wohnhäuser, Schrebergärten, originale Bahnsteigsäulen von 1960 oder das rot leuchtende Modell des historischen Stellwerks – alles ist mit Liebe zum Detail gestaltet. In den Gleisplan der digital gesteuerten Anlage wurden zwei Schattenbahnhöfe integriert, durch die ein realitätsnaher Betrieb vermittelt wird. Der Begriff Schattenbahnhof bezeichnet ein nicht sichtbares Abstellgleis für komplette Züge. Kinder sollten mindestens einen Meter groß sein, um gut sehen zu können. Für Kleinere gibt es eine Holzeisenbahn und ein Rangierspiel.

TIPP: Direkt vor dem Bahnhof Lehrte steht eine 23 Meter lange Dampflok der DDR-Reichsbahn aus dem Jahr 1942 mit einem begehbaren Podest.

Adresse Richtersdorf 2, 31275 Lehrte, Tel. 05132/56377, www.mev-lehrte.de // **ÖPNV** ab Hauptbahnhof RE Richtung Braunschweig bis Bahnhof Lehrte, vorderen Bahnhofsausgang wählen, Poststraße bis Richtersdorf, dann links und beschrankten Bahnübergang queren, das Stellwerk mit Parkplatz liegt zwischen den noch in Betrieb befindlichen Strecken // **Öffnungszeiten** jeder vierte So im Monat 10–13 Uhr // ab acht Jahren

91_DIE WEISSE DÜNE

Hotspot für Surfer, Windsurfer, Kiter und SUP

Über das Wasser gleiten, den Kick beim Kite-Springen erleben – all das kann man vor den Toren Hannovers. Mit 32 Quadratkilometern ist das Steinhuder Meer das größte Binnengewässer Nordwestdeutschlands. Neben der Badeinsel ist der Strandabschnitt an der Weißen Düne in Mardorf der einzige offizielle Einstieg für Surfer in das Steinhuder Meer. Für einen Binnensee gibt es im Steinhuder Meer recht konstante Winde. Im moorschlammigen flachen Uferbereich kann man noch sehr lange stehen, an den tiefsten Stellen in der Mitte des Sees ist das Wasser etwa drei Meter tief. Der Flachwasserbereich ist ein ideales Revier, um die unterschiedlichen Spielarten des Wind-Wassersports zu erlernen.

Direkt am Ufer bieten zwei Surfschulen ihre Dienste mit zertifizierten VDWS-Lehrern an, die vom Verband Deutscher Windsurfing und Wassersportschulen e. V. ausgebildet wurden. Eine davon ist das weltweit erste VDWS Kite Center. Da wundert es nicht, dass an windigen Tagen so viele Segel auf dem Rasenstück direkt am Wasser liegen oder über die kabbeligen Wellen in der Mitte des Sees fliegen. Begleitet werden ihre Fahrten von vielen Schaulustigen, die dem Treiben der bunten Segel gerne zusehen. Es gibt ständig Gruppenkurse für Anfänger und Fortgeschrittene. Die Gruppen sollen eine Größe von zehn Personen nicht überschreiten. Die Kurse dauern bei Kindern zwischen sieben und 13 Jahren zehn Stunden. Bretter, Neoprenanzüge und Schulungsmaterial werden zur Verfügung gestellt. Außerdem besteht die Möglichkeit, direkt an einer der Surfschulen zu übernachten.

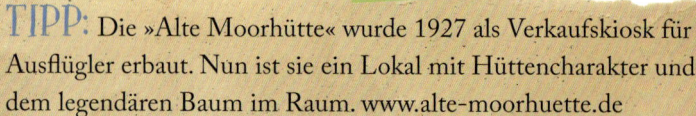

TIPP: Die »Alte Moorhütte« wurde 1927 als Verkaufskiosk für Ausflügler erbaut. Nun ist sie ein Lokal mit Hüttencharakter und dem legendären Baum im Raum. www.alte-moorhuette.de

Adresse Weiße Düne, 31535 Neustadt-Mardorf // **Anfahrt** über A 2 und B 6 bis Marktstraße in Neustadt am Rübenberge und auf der K347 (Moorstraße) der Ausschilderung nach Mardorf folgen, gleich am Anfang des Sees links in die Hubertusstraße abbiegen; Infos zu Kursen: www.fun-wave-steinhude.de // ab sieben Jahren

92_ DAS SCHLOSS MARIENBURG

Wie die Prinzessinnen einst wohnten

Ritterburgen und Schlösser sind nach wie vor in Kinderzimmern beliebt, kaum ein Mädchen verkleidet sich nicht gerne als Prinzessin. Da ist der Reiz groß, ein echtes Schloss von innen und außen zu erleben. Die Marienburg bietet in den Ferien eine Gouvernanten-Führung an. Kinder ab sechs Jahren können die Wohnräume der beiden Prinzessinnen kennenlernen. Im Oktober gibt es Halloween-Grusel-Führungen, im Dezember Wintermärchenführungen. Außerdem sind auch klassische Schlossführungen, Turmaufstieg (ab sieben Jahren) und Kindergeburtstagsführungen (ab fünf Jahren) möglich.

Das Schloss Marienburg ist Stammsitz der Welfen, und die sind immerhin das älteste Fürstenhaus Europas. Die Burg war ein Geburtstagsgeschenk des blinden Königs Georg V. (1819–1878) an seine Ehefrau Marie (1818–1907). Sie hat den Bau nach eigenen Vorstellungen zusammen mit zwei Architekten geplant, gebaut wurde von 1858 bis 1867. Von außen kommt das Gemäuer mit den 160 Zimmern und 30 Meter hohen Aussichtstürmen als eine idealisierte Mittelalterburg daher, innen trumpfte es damals mit Fußbodenheizung und fließend warmem Wasser in der Schlossküche. Der König selbst wohnte nur im Sommer 1865 in der Sommerresidenz. Nach dem verlorenen Krieg gegen Preußen floh er 1866 mit seinem Sohn nach Österreich. Seine Frau und die zwei Töchter lebten über ein Jahr in dem noch nicht komplett fertiggestellten Bau, dann folgten sie nach Österreich. Übrigens: König Ludwig II. ließ seine mittelalterliche »Ritterburg« erst danach errichten. Ab 1869.

Adresse Marienberg 1, 30982 Pattensen, Tel. 05059/348000, Infos zu den Führungen unter www.schloss-marienburg.de // **Anfahrt** über B 1 und B 3, der Ausschilderung folgen

TIPP: Von Pattensen verläuft der »Welfenweg« bis zum Marienberg. Dieser Fahrradweg führt an etlichen Gebäuden und Anlagen vorbei, die mit dem Welfengeschlecht verbunden sind. Besonders schön ist die Kirche mit dem alten Friedhof in Jeinsen, die Garnisonskirche der Welfenfestung Calenberg war. Einen Flyer kann man sich unter www.pattensen.de herunterladen.

93_DER DINOPARK

Alles Dino oder was?

Am Ortsrand von Münchehagen haben »elefantenfüßige« Dinosaurier vor etwa 139 Millionen Jahren 250 Fußabdrücke hinterlassen. Hier befindet sich Deutschlands größter wissenschaftlicher Erlebnis- und Themenpark. Die sich auf 3.500 Quadratmeter verteilenden Dinosaurierspuren sind zum Schutz vor Witterungseinflüssen mittlerweile überdacht. Auf einem 2,5 Kilometer langen, parkartig angelegten Rundweg begegnet man über 230 lebensechten Rekonstruktionen von Dinosauriern und anderen Urzeittieren.

Nicht nur gucken: Kinder und Erwachsene können ihr kreatives und handwerkliches Geschick bei Mitmachaktionen und wissenschaftlichen Experimenten unter Beweis stellen. Eine Besonderheit ist das Schau-Präparationslabor rechts des Eingangs, inzwischen ein international anerkanntes Forschungs- und Kompetenzzentrum für Präparation. Hintergrund: 1998 entdeckte ein Fossiliensammler im Langenberg-Steinbruch einen Saurierzahn, 154 Millionen Jahre zurückdatierbar in die Jurazeit. Das war der Auftakt für weitere spektakuläre Knochenfunde bei Oker im Harz. Seitdem laufen Notbergungen von riesigen Gesteinsblöcken durch das Team des Dinosaurier-Freilichtmuseums Münchehagen, die mit Tiefladern nach Münchehagen gebracht werden. Über 1.000 Knochen der Dino-Herde sind schon freigelegt, geborgen und präpariert worden. Besucher können jeden Arbeitsschritt genau mitverfolgen.

TIPP: Das »Freizeitbad Münchehagen« liegt ganz in der Nähe. 1.000 Quadratmeter Wasserfläche werden hier auf 22 Grad geheizt. Außerdem wartet eine 100 Meter lange Wasserrutsche. Es gibt auch eine Matschzone für die Kleinen. Am Schacht 4, Öffnungszeiten und Preise unter www.rehburg-loccum.de

Adresse Alte Zollstraße 5, 31547 Rehburg-Loccum-Münchehagen, Tel. 05037/9699990, www.dinopark.de // **Anfahrt** A 2 Richtung Dortmund bis Ausfahrt 40 Wunstorf-Luthe, rechts auf B 441 in Richtung Wunstorf/Steinhude, nach 7 Kilometern links auf Hagenburger Straße, nach 17 Kilometern rechts in Alte Zollstraße // **Öffnungszeiten** März – Okt. täglich 9 – 18 Uhr // ab Kindergartenalter

94_ DAS SALZBERGBAU-MUSEUM

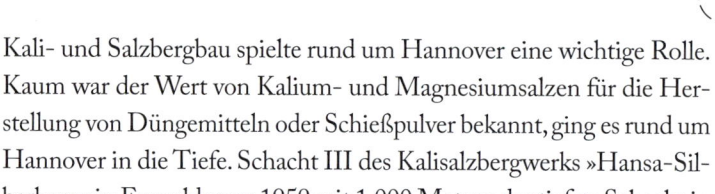

Kali und Salz – Gott erhalt's

Kali- und Salzbergbau spielte rund um Hannover eine wichtige Rolle. Kaum war der Wert von Kalium- und Magnesiumsalzen für die Herstellung von Düngemitteln oder Schießpulver bekannt, ging es rund um Hannover in die Tiefe. Schacht III des Kalisalzbergwerks »Hansa-Silberberg« in Empelde war 1959 mit 1.000 Metern der tiefste Schacht in Deutschland. Aus wirtschaftlichen Gründen schloss es 1973.

Das Museum für Kali- und Salzbergbau in Empelde beleuchtet diese vergangene Ära auf 300 Quadratmetern und wendet sich insbesondere an Kinder, damit die bergmännische Tradition und Kultur nicht in Vergessenheit gerät. Das Museum befindet sich direkt neben dem Gelände von Schacht III. Durch die ehemalige Steigerstube gelangt man in die Bergbauwelt. Dort ist der Nachbau eines untertägigen Abbauortes mit Säulendrehbohrmaschine und Sprenglöchern zu sehen. Hier kann ein Förderwagen geschoben und echte Salzstücke mit Hammer und Schlägel zerkleinert werden. Zudem gibt es viele Exponate zur Geschichte des Bergbaus. Rettungsgeräte erinnern daran, wie gefährlich die Arbeit in den Gruben war. Außerdem sind 300 Salzproben verschiedenster Farben und Größen zu sehen, dazu zahlreiche andere Mineralien. Im Außenbereich ist ein überdachter Grubenzug aufgebaut, den man nicht nur anfassen darf, sondern in den man sich auch reinsetzen und Lokführer oder »Kumpel« spielen kann. Außerdem ist im Außengelände ein Schienen-Rundkurs für eine Fahrt mit dem Grubenfahrrad angelegt.

> **TIPP:** An heißen Tagen kann man sich im Freibad Empelde erfrischen. Das familienfreundliche Bad lockt mit einer extrabreiten Rutsche. Hansastraße, www.ronnenberg.de/freizeit/freibad

Adresse An der Halde 10, 30952 Ronnenberg-Empelde, www.nds-kalisalzmuseum.de // **Anfahrt** Deisterplatz-Kreisel, weiter über Bornumer Straße, rechts auf B 65 bis Büntefeldstraße/In der Beschen, bis An der Halde fahren und links abbiegen // **Öffnungszeiten** So 10–14 Uhr (außer an Feiertagen) oder nach Vereinbarung unter Tel. 0511/4340744, Führungen zu jeder vollen Stunde bis 13 Uhr // ab fünf Jahren // kostenlos

95_ DIE TROGBRÜCKE

Kanal über Fluss

Straßenkreuzungen kennt jedes Kind. Aber was ist, wenn sich zwei Wasserstraßen kreuzen? Ein imposantes Beispiel dafür findet sich in Seelze. Die Leine floss hier schon immer. Doch mit der fortschreitenden industriellen Entwicklung entstanden Mitte des 19. Jahrhunderts erste Pläne zum Bau eines Schifffahrtskanals vom Rhein bis an die Elbe, heute bekannt als Mittellandkanal. Zwischen Seelze und Garbsen standen die Kanalbauer vor einer besonders schwierigen Aufgabe: Der Mittellandkanal muss hier die Leine kreuzen. Zwischen 1912 und 1928 wurden deshalb zwei »Trogbrücken« über die Leine (südliche Brücke) und deren Hochwasserüberflutungsgebiet (nördliche Brücke) gebaut.

Als Trogbrücke bezeichnet man ein Wasserstraßenkreuz, bei dem eine Brücke einen Kanal über einen Fluss führt. Diese Trogbrücken zeichnen sich durch geringe Bauhöhen aus. Für Seelze wurde eine genietete Stahlkonstruktion mit weit gespannten, flachen Bögen gewählt. Die Konstruktion ruht auf niedrigen Natursteinpfeilern. Wer genau hinschaut, kann die Auflagepunkte der Brücken auf den steinernen Pfeilern sehen. Mehrere Rolllager liegen nebeneinander und können temperaturbedingte Bewegungen ausgleichen. In den 1990er Jahren wurde der Mittellandkanal auf 42 Meter verbreitert. Eine moderne Neukonstruktion entstand neben den alten Trogbrücken, die seitdem nicht mehr befahren werden. Die beiden alten, ebenso die neue Trogbrücke Seelze gehören zu den beeindruckendsten Technikdenkmälern der Region Hannover.

Adresse Nähe Mühlenstraße, 30926 Seelze, www.seelze.de // **Anfahrt** von der B 6 Richtung Neustadt in Limmer auf die B 441 abbiegen, entlang des Zweigkanals Richtung Seelze, rechts auf die L 390 abbiegen, dann links auf die Mühlenstraße abbiegen // jedes Alter // kostenlos

TIPP: Entlang des Kanals verläuft der Leine-Heide-Radweg, der vom Leinebergland über die Lüneburger Heide bis nach Hamburg führt. Von hier aus kann man durch die Leineaue in Hannovers Innenstadt radeln. www.leineheideradweg.de

96_ DAS STRASSENBAHN-MUSEUM

Einzigartiges Technikmuseum für wirklich alle

Auf dem Gelände und in den Hallen des früheren Kali-Bergwerks »Hohenfels« ist 1987 das Hannoversche Straßenbahn-Museum entstanden. Hier ist Vielseitigkeit Trumpf! Der gemeinnützige Trägerverein mit 400 Mitgliedern und einer aktiven Jugendgruppe zeigt die Entwicklung von der Pferdebahn bis zur modernen Stadtbahn an Originalmodellen. Viele der etwa 140 optisch und mechanisch restaurierten »Schienen-Verkehrsmittel« stehen in Hallen oder unter Überdachungen. Schmuckstück ist der Budapester U-Bahn-Wagen von 1895. Auf einer Gleisstrecke finden regelmäßig Straßenbahnfahrten statt. Im Gebäude gegenüber dem Eingang gibt es ein kleines Kino mit Straßenbahnfilmen, einen Straßenbahnfahrsimulator für Kinder und Jugendliche und eine Miniaturstraßenbahnanlage mit vielen Finessen. Draußen lädt ein elektrischer Miniaturschienenzug kleine Kinder zu einer Rundfahrt ein.

2017 öffnete sich das Areal erstmals auch dem Musikfestival-Publikum von SNNTG, dessen Namensabkürzung schon manchen zum Grübeln gebracht hat. Drei Tage wurde zwischen ausrangierten Straßenbahnwaggons auf verschiedenen Bühnen Musik unterschiedlichster Stilrichtungen präsentiert. Eine Fortsetzung folgt im Sommer 2018.

Adresse Hannoversches Straßenbahn-Museum, Hohenfelser Straße 16, 31319 Sehnde-Wehmingen, Tel. 05138/4575, www.tram-museum.de // **Anfahrt** A 7 bis Ausfahrt 59-Laatzen, links abbiegen und B 443 Richtung Sehnde bis Abfahrt Müllingen, danach Ausschilderung folgen // **Öffnungszeiten** Anfang April – Ende Okt. jeden So und Feiertag 11 – 17 Uhr // ohne Altersbegrenzung, außer beim Straßenbahn-Selberfahren

TIPP: »Smarties am Turm«: Fünf Windräder am Roten Berg hinter dem Straßenbahnmuseum sind mit bunten Punkten verziert. Je nach Windgeschwindigkeit verändert sich die Leuchtkraft der Punkte. Das ist besonders gut bei Dunkelheit zu sehen. Das Projekt »Kunst & Windenergie« entstand im Rahmen der Expo 2000.

97_DAS APFELBAUM-MUSEUM

Ein Museum zum Reinbeißen

Von den über 1.000 alten Apfelsorten gibt es mittlerweile gerade mal 60 Arten noch zu kaufen, in den meisten Supermärkten beschränkt sich das Sortiment eher auf drei bis sechs. Aber Apfel ist nicht gleich Apfel. Deshalb gilt es, die alten Sorten zu bewahren. Und das geht nicht, indem man sie in eine Vitrine packt, sondern nur, wenn man sie anpflanzt. So entstand die Idee, alte und seltene Apfelsorten zu pflanzen, um einen Hort der Vielfalt zu schaffen.

Der Schmiedekünstler Andreas Rimkus und der NABU Springe haben dieses Projekt gemeinsam angepackt und 100 verschiedene Apfelbäume in strahlenförmiger Reihenanordnung gesetzt. Auf dem gepachteten Gelände können jetzt 100 unterschiedliche Blüten, Farben, Gerüche und Aromen entdeckt werden. Auch ein Bienenstock wurde schon vorbeigebracht, um den Nektar zu sammeln. Zusammen mit Baumpaten wurden die Bäume angelegt, um die Pflege kümmert sich Rimkus. Ergänzend hat jeder Baum ein Namensschild mit der Sortenangabe bekommen, auf etlichen stehen auch die Namen der Paten. Ziel von Rimkus ist es, insgesamt 1.001 verschiedene Bäume zu pflanzen, denn: Die Unterschiedlichkeit ist der Schatz, den sich die Menschheit bewahren muss. Auch spätere Generationen sollten diese Vielfalt noch kennenlernen können. In der Leineaue und auf der Bergbühne Empelde sind zwei weitere Anpflanzungen erfolgt, sodass es jetzt schon fast 300 verschiedene Apfelbäume gibt.

Adresse Weg zur Kunst, 31832 Springe, www.nabu-springe.de, www.apfelbaummuseum.de // **Anfahrt** B 217 21 Kilometer bis Ausfahrt Springe, weiter auf Völksener Straße, im Kreisverkehr 3. Ausfahrt nehmen und leicht rechts auf Oppelner Straße bleiben, nach 20 Metern links // **Öffnungszeiten** immer geöffnet

MALUS
MESTICUS
PILOT

TIPP: Von hier einfach weiter geradeaus und dann rechts zur Kaiserallee spazieren. Die Kastanienallee wurde von der ehemaligen Bahnstation bis zum Jagdschloss angelegt, damit der Kaiser und die Jagdgäste eine repräsentative Anfahrt hatten.

98_ VOM ERZ ZUM HERZ

Bring den Stein zum Lachen

Der Weg zur Kunst in Springe ist nicht nur der Name einer Straße, er ist seit Langem Programm. Neu ist der Weg vom »Erz zum Herz«, der in der ParadiesSchmiede von Andreas Rimkus entstanden ist. Hier dreht sich alles um die Facetten von Metall und die Kunst, es durchs Schmieden zu verändern. Für die einen ist das von ihm auf der Müllkippe entdeckte Metall Schrott, bei Rimkus wird daraus Kunst.

Zu erleben sind beispielsweise die Kussmaschine, der lachende Stein, das Schwert des Königs, der geheimnisvolle Schatz und natürlich die eigenen Schmiedearbeiten. Der Künstler ist seit mehr als 30 Jahren vom »Schmieden« fasziniert. Sein Haus wurde zum »Kreatop« mit eigener Schmiede, der Garten entwickelte sich zur lebendigen Installation. Statt Blumenbeeten beherbergt er unterschiedlichste Skulpturen, viele davon sind in Workshops mit Kindern und Jugendlichen entstanden. Entweder kommen sie zu ihm, oder er setzt sein mobiles Schmiedelabor mit vier Essen, acht Ambossen, Hämmern und Zangen in Bewegung. Nach 20.000 Kinderunterschriften in seinem Gästebuch hat er aufgehört, sie zu sammeln. Aber er hat nicht aufgehört, die Technik und Ausdruckskraft des Schmiedens weiterzuvermitteln. Seit zehn Jahren steht er dafür auf der IdeenExpo und gibt seine Begeisterung für dieses Handwerk weiter – schließlich droht die Kunst des Schmiedens in Vergessenheit zu geraten.

Adresse Weg zur Kunst, 31832 Springe, Tel. 05041/61655, www.schmiedeschatz.de // **Anfahrt** B 217 21 Kilometer bis Ausfahrt Springe, weiter auf Völksener Straße, im Kreisverkehr 3. Ausfahrt nehmen und leicht rechts auf Oppelner Straße bleiben, nach 20 Metern links // **Öffnungszeiten** Besichtigung nur nach Voranmeldung, Kindergeburtstagsfeiern sind möglich // ab Kindergartenalter, aber je nach Geschicklichkeit

TIPP: Von hier kann man über die Kaiserallee einen Abstecher zur Sauparkmauer
machen, immerhin das längste Baudenkmal
Niedersachsens. Die Mauer rund um das
königliche Hofrevier wurde wegen Jagdstreitig-
keiten zu Zeiten König Wilhelms IV. angelegt
und liegt direkt hinter dem Jagdschloss.

99_DER MÄRCHENWALD

Der vergessene Weg

Das 90 Hektar große Wisentgehege kennen viele. Gar keine Frage. Aber auch hier gibt es nahezu Unbekanntes zu entdecken. Zwischen Falkenhof und Wolfsgehege befindet sich der Märchenwald. Die beliebten Tiershows um ihn herum haben diesen Pfad in Vergessenheit geraten lassen. Ganz einfach ist der kleine Rundgang nicht zu finden, aber er vermittelt eine gewisse Beschaulichkeit und wirkt ein bisschen wie aus der Zeit gefallen. Erinnert er doch mit seinen geschnitzten Figuren an Zeiten, als von Wald- und Erlebnispädagogik noch keine Rede war und die Attraktionen deutlich bescheidener ausfielen. Im Anschluss an diese besinnliche, fast schon nostalgische Märchenrunde lädt der Barfuß-Weg zu einem Fühlerlebnis der besonderen Art ein, natürlich ohne Schuhe.

Seit 1928 dient das Gelände als Schutzgehege für Wisente, die ab 1922 in der freien Wildbahn ausgestorben waren. Gestartet wurde mit der Zucht amerikanischer Bisons, später folgten reinrassige Wisente. Mittlerweile gibt es vier Wisentherden, mehr als 300 Tiere wurden hier geboren. Im Wildpark werden über 100 Tiergattungen artgerecht gehalten. Highlights wie das Timberwolfsprojekt mit von Hand aufgezogenen Wölfen vermitteln eine neue Sicht auf die Raubtiere. Aber auch Falken, Adler und Eulen stehen im Mittelpunkt regelmäßiger Vorführungen. Umweltbildung ist das oberste Ziel des Wildparks. So stellt der Juchtenkäfer hier im herumliegenden Totholz die größte Population in Niedersachsen. Begrenzt wird das Gehege zum Teil von der 16 Kilometer langen »Sauparkmauer«, die 1839 aus Natursteinen gebaut wurde.

Adresse Wisentgehege 2, 31832 Springe, Tel. 05041/5828, www.wisentgehege-springe.de // **Anfahrt** B 217 bis Springe und dann der L 461 mit Ausschilderungen »Saupark« und »Wisentgehege« folgen // **Öffnungszeiten** Mai – Sept. täglich 8.30 – 18 Uhr, März, April und Okt. 8.30 – 17 Uhr, Nov. – Feb. 9 – 16 Uhr // ab Kindergartenalter

TIPP: Das Jagdschloss Springe beherbergt heute ein Museum für Natur, Jagd und Kultur. Es gibt eine naturkundliche Dauerausstellung über einheimische Wildtierarten. Öffnungszeiten Di–So 10–16 Uhr, April–Okt. Sa und So 10–17 Uhr, Tel. 05041/946823, www.jagdschloss-springe.de

100_ DAS HEXENHAUS

Fernblick mit Überraschung im Wald

Lüdersen liegt im Calenberger Land und nur etwa 15 Kilometer von der Innenstadt Hannovers entfernt. In dem einzigen Bergdorf der Region buckelt sich die Erdoberfläche, hier gibt es erste Vorboten des Deisters. Gleich drei kleine Berge hat die Ortschaft, und sie hat diese mit drei angedeuteten grünen Kreisen in ihr Wappen aufgenommen. Einer davon heißt: »Auf dem Wolfsberg« – mit zugehöriger Wolfsbergquelle. Von dort gibt es einen Rundwanderweg mit überraschendem Fernblick auf die Landeshauptstadt. Neben den Spitzen des alten Rathauses und der Marktkirche ist der Lindener Berg genauso gut auszumachen wie die Fernsehtürme.

Doch die eigentliche Sehenswürdigkeit befindet sich kurz nach dem Ausgangspunkt der Wanderung hinter der Infotafel. Durch den dichten Wald mit seinen sanften Hügeln und geheimnisvollen Pfaden links und rechts des Weges geht es zu einem kleinen Holzhaus mit verwunschenem Vorgarten und skurriler Abflussrohrkonstruktion. Besonders die Deko im First überrascht. Sind das wirklich Lebkuchenkekse in verschiedenen Formen und Verzierungen? Neben der Haustür ist statt eines Fensters ein seltsames Schild angebracht. Dazu sieht es aus, als brenne hinter den Gittern ein Feuer. Und was machen die Gestalten, die davorstehen? Sie sehen aus, als wären sie gerade aus einem Märchen gesprungen. Seltsam, seltsam. Wer es genauer wissen will, drückt auf den Klingelknopf links neben der Haustür. Oder besser doch nicht? Schließlich befindet man sich mitten auf dem Wolfsberg.

> **TIPP:** Beliebter Treffpunkt ist das Restaurant »Alexandros« im dörflichen Zentrum von Lüdersen, Bergdorfstraße 13, 31832 Springe-Lüdersen, Tel. 05045/9628372, Di–Sa 17–23 Uhr, So 12–14.30 und 17–22 Uhr, www.alexandros-springe.de.

Adresse Linderter Weg 46, 31832 Springe-Lüdersen // **ÖPNV** S-Bahn S5, Richtung Hameln bis Bennigsen Bahnhof, weiter Bus 360 bis Haltestelle Kriegerdenkmal, 15 Minuten Fußweg über Bergdorfstraße und Linderter Weg // jedes Alter // kostenlos

101_DIE KALIBAHN

Tritterlebnis der besonderen Art

Ein ganz besonderes Erlebnis verspricht eine Fahrt mit der Fahrrad-oder der Hebeldraisine auf den historischen Gleisen der Grubenan-schlussbahn (GAB) der Kali und Salz AG. Von Hänigsen aus kann man aus eigener Kraft eine Rundtour von elf Kilometern absolvieren. Die landschaftlich abwechslungsreiche Draisinenfahrt geht vorbei an Feldern, Wiesen und Waldstücken. Nach einer Kurvenfahrt am Gleisdreieck führt die Strecke am geheimnisumwitterten Grund-stück des Heeresmunitionslagers vorbei. Bald darauf kommt die fast 100 Meter hohe Kalihalde in Sicht – die Geschichte dieser Gegend ist zum Greifen nah.

Ab 1905 wurde im Schacht Riedel in Hänigsen Kali-Salz gewon-nen. 1996 wurde der Schacht stillgelegt. Nur noch das imposante grüne Fördergerüst erinnert an die stolzen Zeiten, als sich hier das weltweit tiefste Kali-Salz-Bergwerk befand (1.525 Meter) – und na-türlich die Schienen der Kalibahn Niedersachsen Riedel. Die dienten anfangs vor allem dem Kalitransport. Der Verein Kleinbahn-Nieder-sachsen e. V. bietet für die Fahrten sechs Fahrraddraisinen für jeweils vier Personen an, auf die zwei Handhebeldraisinen passen sechs und acht Personen. Für Kinder stehen Sicherheitsgurte zur Verfügung. Die Touren – auch mit Verpflegung – werden nur nach Anmeldung oder an besonders angekündigten Terminen unter fachkundiger Be-gleitung durchgeführt. Kindergeburtstagsfeiern sind möglich.

Mittlerweile renoviert der Verein weitere Schienenfahrzeuge, die vielleicht schon bald auf dieser Strecke fahren können.

Adresse Riedelweg, 31311 Uetze-Hänigsen, Tel. 0171/3531533, www.kalibahn.de // **Anfahrt** über A 37/B 3, dann B 188 Richtung Burgdorf/Gifhorn bis Sorgensen, links auf L 311 bis Hänigsen, den Ort durchqueren auf Wathlinger Straße, beim ehemaligen Kaliwerk links in Riedelweg abbiegen, dann rechts über Kasparsweg auf den Parkplatz

TIPP: Das Freibad Hänigsen, »das Bad von allen für alle«, bietet neben Zehnmeterturm und 50-Meter-Schwimmbahnen auch Schwimm- und Tauchkurse und Open-Air-Konzerte, www.dasfreibad.de.

102_ DER HOF »HEMME MILCH«

Ganz Kuh(l)

Wo kommt eigentlich die Milch her? »Hemme Milch« öffnet seinen Hof für Gäste und bietet regelmäßige Führungen zu seinen Weiden, Freilaufställen, dem Melkkarussell und der Molkerei an. Das macht gerade kleinen Besuchern großen Spaß. Ein Highlight ist anschließend der ehemalige Schafstall, der sich zur Spielscheune gemausert hat. Hier darf nach Herzenslust getobt werden, zahlreiche kleine Traktoren stehen bereit und laden zum Herumkurven ein. Gleich nebenan gibt es die Eisbude mit Eissorten aus hauseigener Milch und Sahne sowie Milchshakes. Im Hauscafé oder Kaffeegarten kann man sich neben Kuchen auch den Eiskaffee servieren lassen, der 2017 kulinarischer Botschafter Niedersachsens geworden ist. Auf dem Hof »Hemme Milch« wird verantwortungsvolle Landwirtschaft gelebt und konsequent eigenes, ökologisch sinnvolles Futter erzeugt. Über 400 Kühe werden artgerecht gehalten, die hofeigene Kälberzucht sorgt für die weiblichen Nachkommen. Die Familie blickt auf eine 400-jährige Geschichte zurück und bewirtschaftet den Hof bereits in 18. Generation. Schon in den 1960er Jahren wurde hier auf Direktvermarktung gesetzt. Waren es zuerst Kartoffeln, folgte 1992 die Milch. In einer modernen Molkerei werden Milchprodukte abgefüllt und verarbeitet. Innovativ ist auch der Milchbeutel im schwarzen Look, der schon mehrfach ausgezeichnet wurde. Anfangs wurde die Milch noch mit Lieferwagen zu den Kunden gebracht, jetzt sorgt die eigene Logistik dafür, dass die Produkte in den regionalen Supermärkten stehen.

TIPP: Der Reit- und Fahrverein im nahe gelegenen Berkhof bietet Reitkurse und Ferienreitkurse an, Am Wittgraben 5, 30900 Wedemark, www.rfv-berkhof.de.

Adresse Sprockhofer Straße 9, 30900 Wedemark, Tel. 05130/584550, www.hemme-milch.de // **Anfahrt** A 7, Ausfahrt 51-Berkhof, links abbiegen, Richtung Schwarmstedt und 900 Meter der Ausschilderung folgen // **Öffnungszeiten** Hofcafé Di–So 11–18 Uhr, jeden ersten und dritten So Hofführung um 15 Uhr // jedes Alter // Spielscheune kostenlos

103_BEWEGTE STEINE

Steinfernrohre und Klangsteine

Der eiszeitliche Erlebnispfad »Bewegte Steine« ist ein fünf Kilometer langer Rundweg um die Brelinger Berge, der an unterschiedlichen Stellen begonnen und beendet werden kann und gleichermaßen für Fußgänger und Radfahrer geeignet ist. Es wird im wahrsten Sinne des Wortes begreifbar gemacht, wie die Steine durch Klimaveränderungen »bewegt« wurden.

Die Brelinger Berge sind eine Endmoräne der Saale-Eiszeit. Gewaltige Mengen eiszeitlicher Kiesel, Sande und Tone, aber auch tonnenschwere Gesteinsbrocken wurden hier abgelagert. Granit, Quarzit und Feuerstein kamen aus Skandinavien, Kieselschiefer aus dem Harz, Buntsandsteine aus dem Weserbergland. An den Abzweigungen ist der Pfad mit Findlingen markiert, gesammelt in den Sand- und Kiesgruben der Brelinger Berge. An elf Stationen können sich Kinder, Jugendliche und Erwachsene mit Fragen zu den Themen »Eiszeit« und »Landschaftsgeschichte« auf spielerische Weise auseinandersetzen. An der Station »Klangsteine« kann man mit dem Hammer testen, wie unterschiedlich Basalt und Granit klingen: Der eine gibt einen eher hellen Ton von sich, der andere einen dumpfen. Das liegt an den verschiedenen Strukturen der Gesteine. Bei der »Sortiermaschine« liegen in einer alten Baggerschaufel Steinbrocken, die Referenzsteinen und Erklärungen zugeordnet werden können. Am spannendsten ist es, den Findling zu bewegen und dabei nachzuempfinden, welch mühsamen Weg der Stein zurückgelegt hat.

TIPP: Am Kaffeedamm 2 mausert sich das zertifizierte Bioland-Restaurant »Beans Country« mit Streichelwiese zum Ausflugsziel für die ganze Familie. Mo–So 10–24 Uhr, Tel. 05130/9745210, www.deinbeans.de

Adresse Einstieg Friedhof Bennemühlen, Am Klagesfeld, 30900 Wedemark-Bennemühlen, www.brelingerberge.de //
Anfahrt A 7 bis Ausfahrt 51-Berkhof, links auf K 108 und in Berkhof rechts auf L 190, bis Bennemühlen, hinter S-Bahn-Station links auf K 104, Kaffeedamm, nach 1,4 Kilometern rechts in Am Klagesfeld, dann noch 250 Meter

104_DAS MOORiZ

Das Moor lebt

Generationen von Schülern haben die Moorleiche mit den roten Haaren im Niedersächsischen Landesmuseum Hannover bestaunt und sich gegruselt. Heute steht beim Thema Moor die Bedeutsamkeit dieser Feuchtgebiete für unsere Erde und die Wichtigkeit ihres Schutzes im Vordergrund. Und genau dieser Aufgabe stellt sich das MOORiZ (Moorinformationszentrum) in Resse. Das multifunktionale Gebäude beherbergt eine Dauerausstellung zum Thema Moor und vielfältige Informationen für Kinder und Erwachsene über die vier Moore rund um Resse: Bissendorfer Moor, Helstorfer Moor, Otternhagener Moor und Schwarzes Moor. Seit einigen Jahren gibt es das Renaturierungsprojekt »Hannoversche Moorgeest«. Es soll helfen, die ökologisch wertvollen Hochmoorflächen zu erhalten und zu schützen.

Am Rande des Otternhagener Moors entsteht gerade der »Moor-Erlebnispfad«, im Frühjahr 2019 wird er offiziell eröffnet. Von der Region Hannover erbaut und vom MOORiZ betreut, wird er zu einem Naherholungsziel in der Region. Teilweise barrierefrei, ermöglicht er einen einzigartigen Einblick in das Ökosystem Moor. Ob Zwergstrauch-Moorwald, Übergangs- und Schwingrasenmoor oder die 1934 geplante, aber nicht ausgeführte Autobahnstrecke – hier gibt es viel zu entdecken. Interaktive Stationen, Aussichtsplattformen und Informationstafeln machen den Ausflug zu einem Erlebnis für die gesamte Familie. Lohnenswert ist auch der zweieinhalb Kilometer lange Waldlehrpfad mit zahlreichen Stationen, den es schon jetzt gibt.

> **TIPP:** Auf der rechten Seite steht der »Heidegasthof Löns«, in dem seit den 1950er Jahren leckere Speisen und Getränke serviert werden. Öffnungszeiten Mi – Sa 17 – 22.30 Uhr, So 11 – 15 Uhr, www.heidegasthof-loens.de

105_DIE WASSERRÄDER

Es plätschert die Mühle am rauschenden Bach

Vom Frühjahr bis zum Freitag nach dem 3. Oktober bietet der Deister bei Wennigsen mit seinen Wasserrädern ein herrliches Picknick-Ausflugsziel für Familien. Vom Parkplatz am Deisterrand der Wenniger Mark führt ein breiter Weg zur Feldbergquelle, über den sich Bollerwagen komfortabel bergauf ziehen lassen. Zielpunkt sind die mehr als 20 Wasserräder, die von den Kindern begeistert bestaunt werden. Mitglieder des Vereins »Bastlergemeinschaft der Wenniger Wasserräder e. V.« bauen die Wasserräder im Frühjahr auf einer Strecke von etwa 100 Metern auf und kümmern sich während des Sommers rührend darum. Schließlich sollen alle Modelle laufen. Sogar am Sonntag werden Reparaturarbeiten ausgeführt.

Die Geschichte der Wasserräder beginnt vor mehr als 60 Jahren. Wie damals üblich stromerten Jungs und Mädchen in ihrer freien Zeit durch Wald und Flur. Einer hatte die Idee, ein Wasserrad zu bauen. Sie stellten kleine Modelle an der Feldbergquelle auf und legten Dämme an. Später griffen Erwachsene die Idee auf. Seit 1957 bauen ehrenamtlich tätige Männer und Frauen jedes Jahr Modelle mit Kinderbuchfiguren, ein Karussell oder den Annaturm vom Deisterkamm auf. Eine Seilbahn zieht ihre Runden. Seit einiger Zeit gibt es eine Kooperation mit der »Werk-statt-Schule« Hannover. Ein Rundweg führt um die Anlage, während der Saison sind die Modelle rund um die Uhr zu besuchen. Bänke laden zum Picknicken ein.

TIPP: Der »Wasserpark Wennigsen« ist das erste Schwimmbad Norddeutschlands, in dem das Wasser durch Wasserpflanzen statt mit Chemie gereinigt wird. Außerdem: Sprungfelsen, Wasserfälle und Matschfeld. Bröhnweg 15, www.wasserpark-wennigsen.de

Adresse Georgsplatz, 30974 Wennigsen-Wennigser Mark, www.die-wasserraeder.de // **Anfahrt** von B 217 über Ronnenberg bis Weetzen, dort in Richtung Wennigsen auf K 229, in Degersen geradeaus auf L 391 fahren bis Ortseingang Wennigser Mark, links zum Waldfriedhof und der Ausschilderung folgen // **Öffnungszeiten** Betriebszeiten Ende April–Ende Sept. // jedes Alter // kostenlos

106_DIE WEGE IM DEISTER

Für jeden etwas: Wanderwege und Trails

Im Deister kann gewandert werden, was das Zeug hält. Sogar einen kostenlosen Deister-Wanderpass gibt es mittlerweile in den Touristikbüros, mit dem die Region Hannover Lust aufs Wandern machen will. An zwölf Orten wird gestempelt, entsprechende Broschüren sind im Internet erhältlich. Ob Nordmannsturm, Berggasthaus Ziegenbuche oder Annaturm: Überall warten Attraktionen.

Jetzt hat sich eine weitere hereingemogelt, die anfangs von Naturschützern und den Landesforsten gar nicht gern gesehen wurde. Statt auf den ausgewiesenen Wegen zu bleiben, lieben es die Mountainbiker, durch den Wald zu »heizen« und über wild angelegte Sprungschanzen zu »fliegen«. Jetzt gibt es einen bundesweit beachteten Kompromiss. Die Deisterfreund.de haben zusammen mit den Niedersächsischen Landesforsten versuchsweise zwei Mountainbiketrails im Deister geplant und umgesetzt. »Ladies only« und »Ü30« sind zwei künstlich angelegte Hindernisstrecken mit Geschicklichkeitsprüfungen. Diese vorläufig genehmigten Wege können jetzt legal befahren werden. Sie sind beschildert und fordern das Tragen einer Schutzausrüstung. Einer der Trails beginnt kurz hinter dem Annaturm am Kammweg. An manchen Wochenenden kommen mehr als 1.000 Mountainbiker in den Deister, der sich zu einer Hochburg dieser Sportart gemausert hat. Bleibt zu hoffen, dass sie sich mit den Wanderern nicht ins Gehege kommen.

Adresse Kammweg Deister, Fernwanderweg E1, 30974 Wennigsen-Wennigser Mark, www.deisterfreun.de, www.hannover.de (Stichwort Deisterwanderpass) // **Anfahrt** von B 217 über Ronnenberg bis Weetzen, dort in Richtung Wennigsen auf K 229, in Degersen geradeaus auf L 391 fahren bis Ortseingang Wennigser Mark, links zum Waldfriedhof, Kammweg ist ausgeschildert // jedes Alter // kostenlos

TIPP: Beliebt ist die »Wald-gaststätte Annaturm«, die direkt am Fernwanderweg E1 liegt. Der Turm mit 117 Stufen kann bestiegen werden. Er steht an dieser Stelle, weil Carl Friedrich Gauß für seine Landvermessung einen trigonometrischen Messpunkt brauchte. Zum Gedenken daran steht hier auch der »Gaußstein«. Öffnungszeiten Di–So 10–18 Uhr, Tel. 05103/3242, www.annaturm-deister.de

107_ DAS DEUTSCHE ERDÖLMUSEUM

Alte Bohrtürme erinnern an Klein Texas

In Wietze wurde 1858 die erste Bohrung auf der Suche nach dem schwarzen Gold durchgeführt, auch wenn Titusville in Pennsylvania für sich beansprucht, Geburtsort des Erdölzeitalters zu sein. Doch dort bohrte man erst ab 1859. In Wietze gab es bereits 1842 entsprechende Pläne, die dann jedoch erst der Geologe Konrad Hunäus mit seiner Bohrung in der Wallmann'schen Teerkuhle umsetzte. Nachdem diese erste Bohrung nicht zum gewünschten Erfolg führte, dauerte es noch einige Jahrzehnte, bis 1899 der Erdölboom begann. Kurze Zeit später war Wietze nicht wiederzuerkennen. Wie Pilze schossen Bohrtürme aus dem Boden – über 2.000 bis 1930 –, und Horden von Glücksrittern fielen in die Stadt. Über 60 internationale Bohrfirmen waren bald vor Ort, es entstanden eine Eisenbahnlinie, eine Raffinerie und ein Hafen, 1920 sogar ein Erdölbergwerk. 1909 wurden 80 Prozent des deutschen Erdöls hier gefördert. Schnell wurde aus Wietze »Klein-Texas in der Heide«, kein Wunder, ging es hier doch zu »wie im Wilden Westen« – mit Schießereien und dem Geruch nach Öl und Teer.

Im Erdölmuseum veranschaulichen zahlreiche Modelle den Bohr- und Förderbetrieb, etliche Pumpen können auch bedient werden. Die alten Fördertürme und -anlagen auf dem Außengelände waren bis zur Schließung des Feldes 1963 in Betrieb. Kinderführungen und Kindergeburtstagsfeiern auf Nachfrage.

Adresse Schwarzer Weg 7–9, 29323 Wietze, Tel. 05146/92340, www.erdoelmuseum.de // **Anfahrt** A 7 bis Ausfahrt 50-Schwarmstedt, dann B 214 bis Wietze und Ausschilderung folgen // **Öffnungszeiten** März–Nov. Di–So 10–17 Uhr, Juli und Aug. Mo–So 10–18 Uhr // ab Kindergartenalter

TIPP: Im Hotel und Restaurant »Heideblüte« gibt es regionale Gerichte in bester Qualität, es werden auch Kanutouren, Boßelausflüge, Gitarrenabende am Lagerfeuer und vieles mehr angeboten. Celler Straße 1–3, Ovelgönne, Tel. 05084/98190, www.heidebluete.de

108_ DAS GOLDWASCHCAMP

Goldfieber auf der Teufelsinsel

Auf der Teufelsinsel, wo das erste Öl der Welt gefördert wurde, kann man lernen, in alter Westernmanier echtes Gold zu waschen. In dem Flüsschen Wietze finden sich geringe Mengen von goldhaltigem Gestein, Flussgold oder auch Eiszeitgold genannt. Zuerst wird den Kursteilnehmern erklärt, wo das Gold eigentlich herkommt, wie es sich im Fluss ablagert und wo die besten Stellen zu finden sind, um fündig zu werden – man achte auf den schwarzen Sand! Dann lernen die Kursteilnehmer den Umgang mit der Goldwaschpfanne, dem wichtigsten Gerät beim Goldwaschen. An hölzernen Waschtrögen wird der Flusssand (mit zugefügtem Goldsand) unter Anleitung geschüttelt und ausgewaschen, bis nur noch das Gold in der Schüssel übrig ist. Bei diesem Übungswaschen geht es darum, die Geschicklichkeit zu erwerben, das Leichte vom Schweren zu trennen. Es sind schon ein paar Wasch- und Schüttelgänge nötig, bis die ersten Goldkörner sichtbar werden. Dieses Gold wird vorsichtig mit einer Pipette in ein Glasröhrchen verfrachtet. Die Goldflitterchen und winzigen Goldnuggets kann man behalten und mit nach Hause nehmen.

Wer alleine im Fluss weitermachen will, kann sich die Ausrüstung direkt vor Ort kaufen und, auf umgedrehten Eimern sitzend, in geselliger Runde Gold aus dem Fluss waschen. Es gibt Exkursionsangebote für Gruppen, Familien und Kindergeburtstage. Gegen Gebühr mit Grillplatzbenutzung (Schwenkgrill, Smoker).

Adresse Teufelsinsel, 29323 Wietze, Infos unter Tel. 05146/5143 oder www.teufelsinsel.de // **Anfahrt** A 7 bis Ausfahrt 50-Schwarmstedt, dann B 214 folgen, bis Wietze und erst Ausschilderung Erdölmuseum, dann Goldwaschcamp folgen // ab Vorschulalter

TIPP: Direkt nebenan liegt ein Bouleplatz. Bitte eigene Boulekugeln mitbringen!

109_ DIE JU-52-HALLE

Flieger, grüß mir die Sonne

Die Junkers Ju 52 mit ihrer Wellblechbeplankung gehört zu den bekanntesten Flugzeugen der Welt und war das meistgeflogene Passagier- und Transportflugzeug ihrer Zeit – sie gilt als luftfahrttechnisches Kulturerbe. Eines der weltweit letzten Exemplare im Originalzustand steht in Wunstorf. Mehr als 40 Jahre lag das Flugzeug versunken in einem norwegischen See, bis es in einer spektakulären Rettungsaktion 1986 gehoben wurde. Um die renovierte Ju 52 witterungsgeschützt zu erhalten und für Besucher zugänglich zu machen, bekam die »Interessensgemeinschaft Ju 52 e. V.« die Möglichkeit, vor der ehemaligen Hauptwache des Fliegerhorstes Wunstorf eine Halle als Museum zu bauen. Im Laufe der Jahre erweiterte sich die Sammlung um zahlreiche Exponate aus der Zeit des Zweiten Weltkrieges und der Berliner Luftbrücke. Der 1934 angelegte Fliegerhorst wurde am 7. April 1945 von den Alliierten übernommen. Während der Berlinblockade 1948/49 starteten mit Nahrungsmitteln, Medikamenten, Maschinenteilen und Post beladene »Rosinenbomber« Tag und Nacht. Zeitungsartikel und Exponate beleuchten dieses Kapitel der Luftfahrtgeschichte.

Im Freigelände ist auch das Transportflugzeug Transall C-160 D zu sehen und für den Publikumsverkehr geöffnet. Man kann sich dort ein Bild vom »Innenleben« von Cockpit und Laderaum des Arbeitspferdes der Bundeswehr machen. Der Fliegerhorst selbst ist militärischer Sicherheitsbereich und darf nicht betreten werden.

Adresse Zur Luftbrücke 1, 31515 Wunstorf, Tel. 05031/176474, www.ju52-halle.de // **Anfahrt** A 2 bis Abfahrt 40-Wunstorf-Luthe und Beschilderung zum Fliegerhorst auf B 441 folgen // **Öffnungszeiten** Anfang April – Ende Okt. Do, Sa, So und Feiertage 10 – 18 Uhr // ab sechs Jahren

TIPP: Der »Moorhenniespfad« (6,2 Kilometer lang) informiert an 17 Stationen (QR-Codes) über Geschichten der Gegend, www.moorhenniespfad.de.

110_DIE FESTUNG WILHELMSTEIN

Unterwegs mit dem Auswanderer

Die Festung Wilhelmstein, eine Miniaturfestung auf einer künstlichen Insel im Steinhuder Meer, ist einzigartig in Europa. Von Steinhude aus setzt man mit einem Auswanderer über. Dieses Boot ist eine offene Segeljolle, die so nur hier eingesetzt wird. Ihr Name ist der Tatsache geschuldet, dass die Boote früher von »Schaumburg-Lippe« ins »Preußisch-Hannoversche« Ausland fuhren. Natürlich kann man auch mit den Fahrgastschiffen zur später als Gefängnisinsel genutzten Festung gelangen, aber diese Fahrt ist längst nicht so spektakulär.

Auf der kleinen Insel gibt es einiges zu entdecken. Über den Kasematten der Inselfestung Wilhelmstein befindet sich das Schlösschen mit den Wohnräumen für den damaligen Festungskommandanten und die Offiziere – und darauf wiederum ein Turm. Der wissenschaftlich ambitionierte Graf Wilhelm zu Schaumburg-Lippe ließ 1774, sieben Jahre nach Fertigstellung seiner im sternförmigen Bastionärsystem angelegten Festung Wilhelmstein, das Gebäude um das Observatorium aufstocken. Die Besichtigung des Museums und der Besuch der Kasematten ist unbedingt empfehlenswert. Zu sehen ist auch der »Steinhuder Hecht«, ein Modell des ersten deutschen U-Boots, das hier 1772 zu Wasser gelassen wurde. Die Inselfestung Wilhelmstein ist bis heute im Besitz der Adelsfamilie zu Schaumburg-Lippe.

Adresse Festung Wilhelmstein, 31515 Wunstorf-Steinhude, www.schloss-bueckeburg.de // **ÖPNV** ab Hauptbahnhof RE 4846 bis Haltestelle Wunstorf, ab ZOB Wunstorf mit Bus 711 bis Steinhude, Haltestelle An der Friedenseiche, von dort 500 Meter bis zur Strandpromenade // **Öffnungszeiten** Fahrgastschiffe und Auswanderer fahren von April–Okt. von 10–16 Uhr // jedes Alter, sinnvoll ab sechs Jahren

Entwurf des U-Bootes
Steinhuder Hecht 1764
von Ingenieur, Baugraaf und Offizier
Jacob Chyssernaking Bergstück
Lehrer an der Militärschule
Wilhelmstein

TIPP: Eine Übernachtung auf der Festung Wilhelmstein ist in den zu Gästehäusern umgebauten ehemaligen Soldatenunterkünften möglich. Nachfragen über Schloss Bückeburg, Tel. 05722/955850, oder info@wilhelmstein.de

111_DIE SCHMETTER-LINGSFARM

Guck mal, was da flattert

Mit ihrer Familienleidenschaft für Insekten haben die Entomologen (Insektenkundler) Hilmar und Sabine Lehmann mittlerweile eine Unternehmensgruppe mit Europas größter Schmetterlingsfarm aufgebaut. Diese steht auf der Insel Usedom, während die kleinere, aber »ältere Schwester« seit dem Jahr 2000 in Steinhude auf 800 Quadratmetern Besucher informiert. Zu sehen gibt es präparierte Käfer, Schmetterlinge, Nachtmotten und Insekten in Glasvitrinen.

Das Zentrum der Farm ist die 200 Quadratmeter große und fünf Meter hohe Freiflughalle. Durch eine Schleuse betritt man die Halle mit den tropischen Pflanzen. Bei Lufttemperaturen zwischen 28 und 30 Grad und einer Luftfeuchtigkeit von 80 bis 90 Prozent flattern farbenprächtige exotische Falter herum und umschwirren die Köpfe der Kleinen und Großen. Manchmal landen sie auch auf den Wegen, und die Besucher sollten ihre Blicke auf den Boden richten, um kein Tier zu zertreten. In Augenhöhe sitzen blau schimmernde Himmelsfalter neben großen Bananenfaltern auf Orangenscheiben und trinken Saft. Auf Lehrtafeln erfährt man, dass Raupen fressen, während Schmetterlinge nur trinken. Etwa 600 Schmetterlinge sind in der Halle, auch wenn man viele von ihnen kaum erkennen kann, so gut getarnt verstecken sie sich in den Blättern. In einem Terrarium sind die Puppen untergebracht, in die sich die in England gezüchteten Raupen nach der fünften Häutung verwandeln. Wer Glück hat, sieht einen Schmetterling schlüpfen.

TIPP: Im Sommer lädt die Badeinsel (ausgeschildert) zum erfrischenden Bad im Steinhuder Meer ein.

Adresse Am Knick 5, 31515 Wunstorf-Steinhude, Tel. 05033/939451, www.schmetterlingsfarm-steinhuder-meer.de // **ÖPNV** ab Hauptbahnhof RE 4846 bis Haltestelle Wunstorf, ab ZOB Wunstorf mit Bus 711 bis Steinhude, Haltestelle An der Friedenseiche, von dort 500 Meter // **Öffnungszeiten** Ende Feb.–Anfang Nov. täglich 11–18 Uhr, im Juli und Aug. täglich 10–18 Uhr // jedes Alter, sinnvoll ab drei Jahren

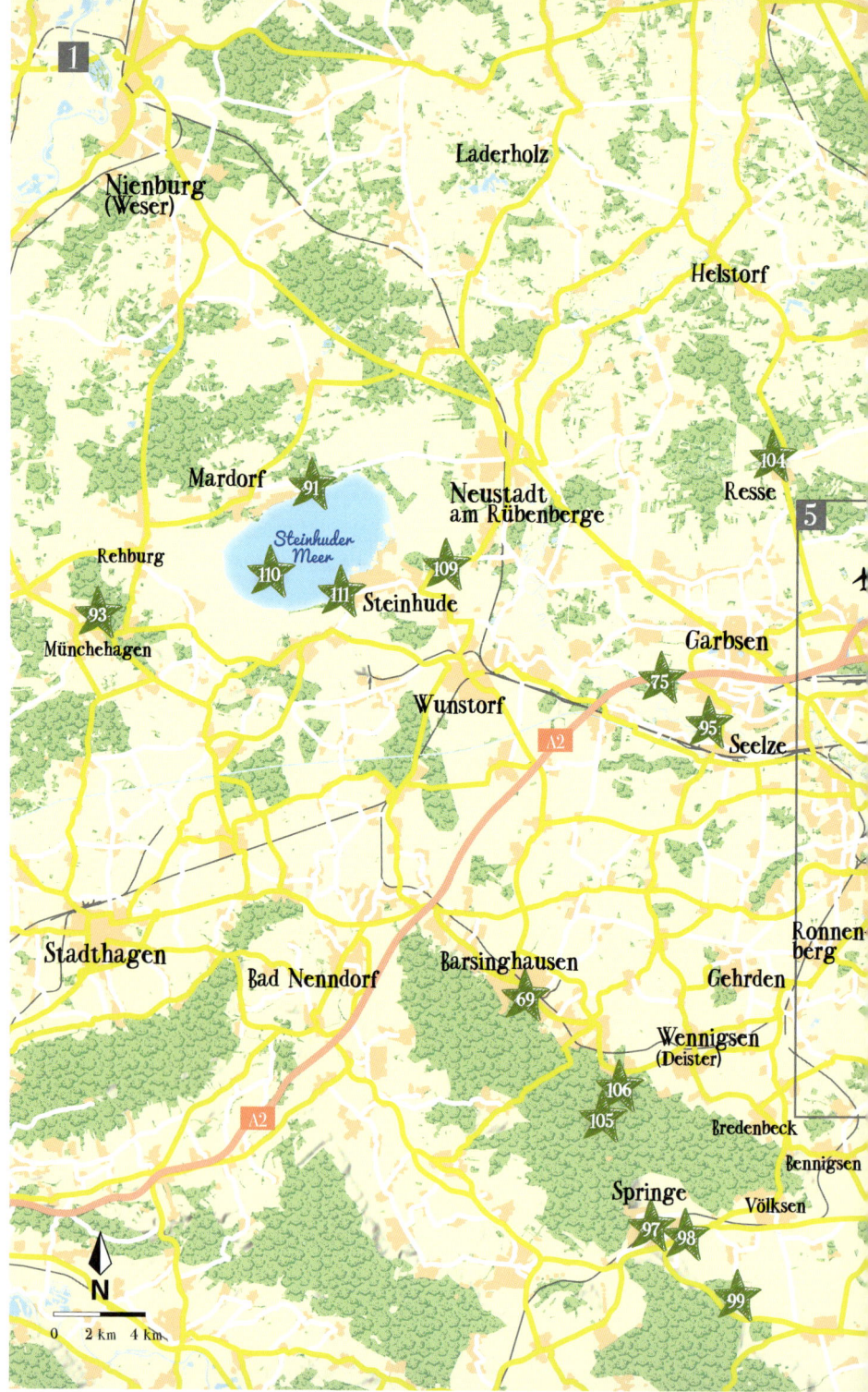

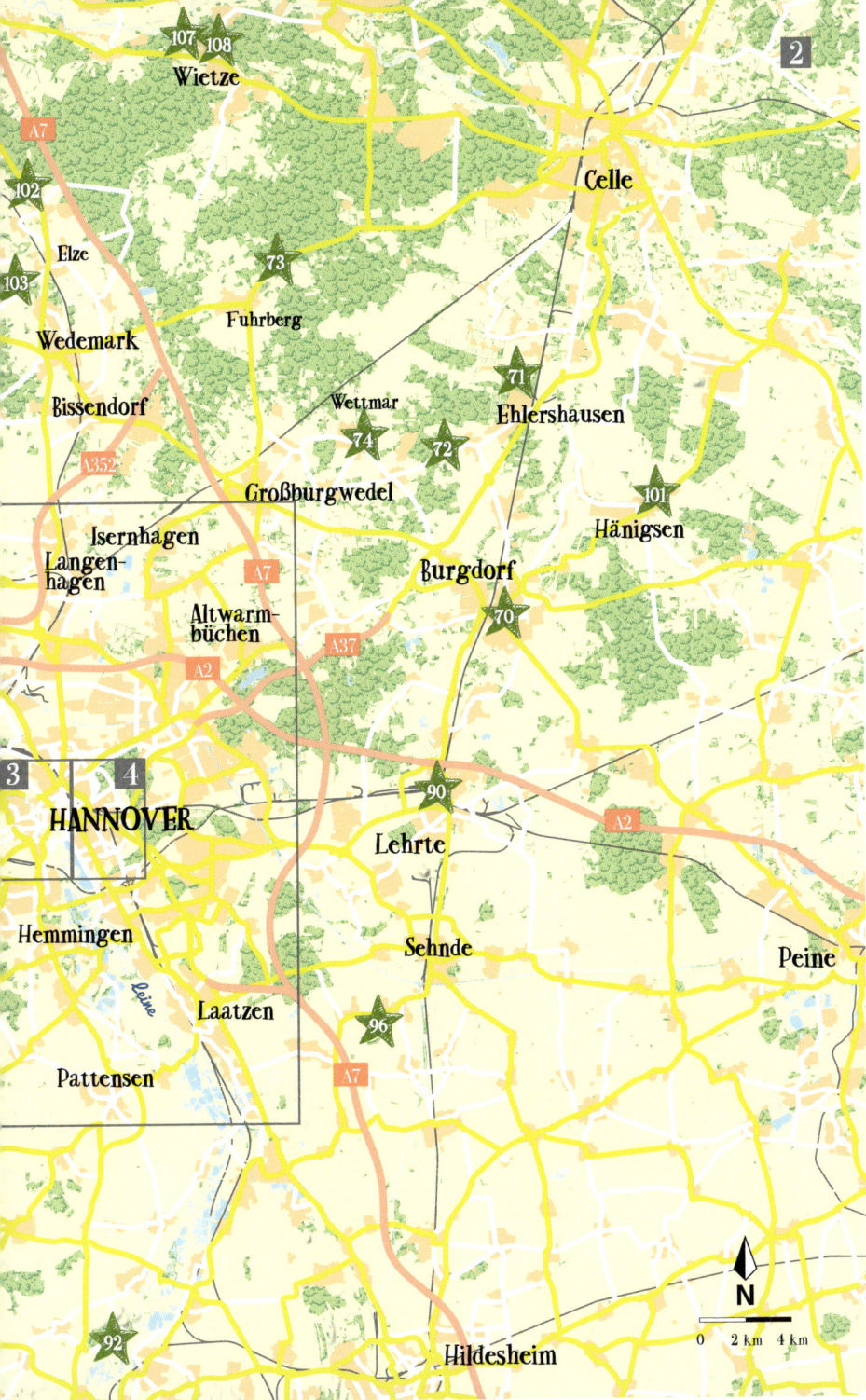

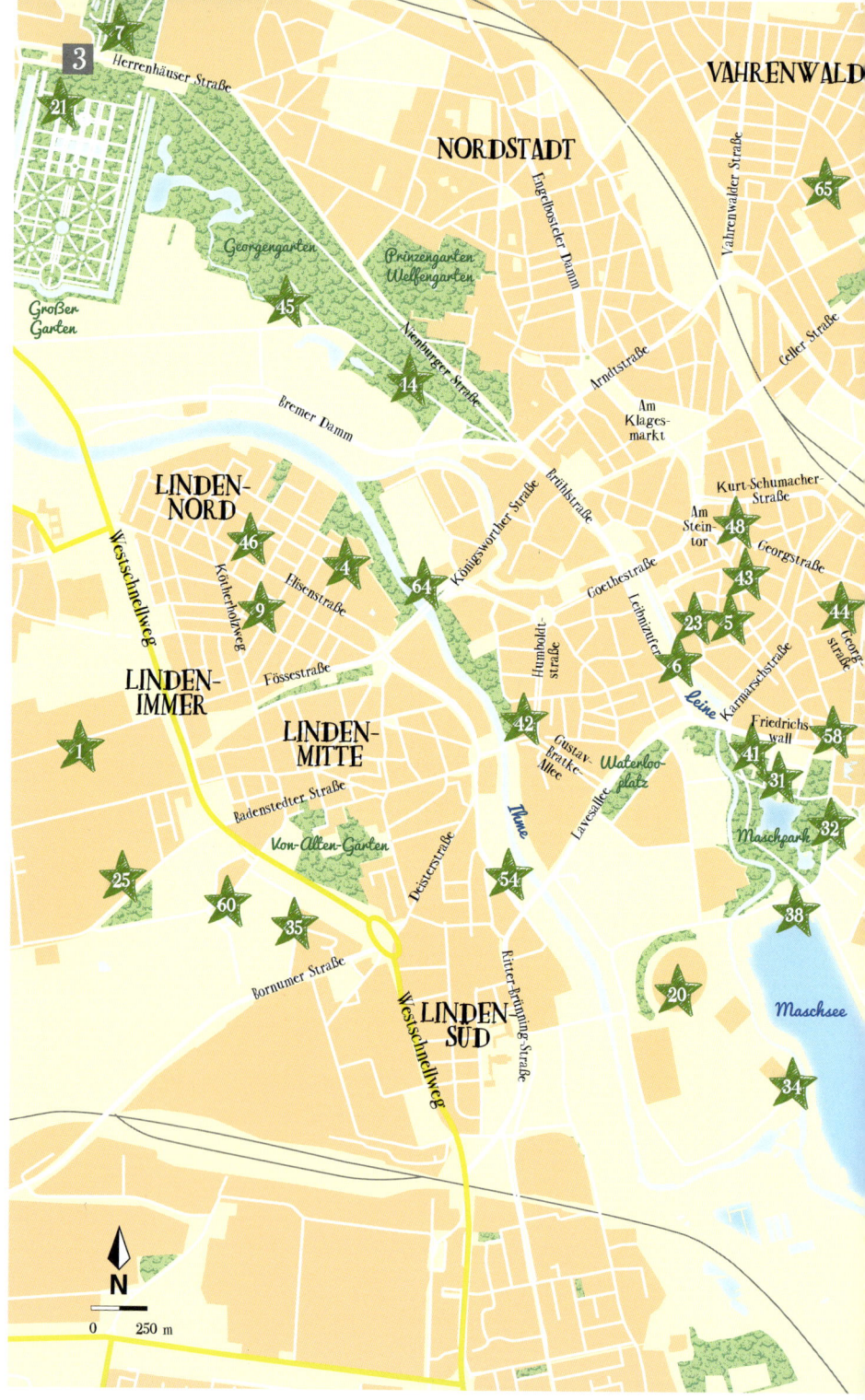

3

7

21

Herrenhäuser Straße

Georgengarten

Großer
Garten

NORDSTADT

Prinzengarten
Welfengarten

Engelbosteler Damm

VAHRENWALD

Vahrenwalder Straße

65

Celler Straße

45

14

Nienburger Straße

Bremer Damm

Arndtstraße

Am
Klages-
markt

LINDEN-
NORD

46

4

Eichenstraße

Köthnerholzweg

9

64

Königsworther Straße

Brühlstraße

Kurt-Schumacher-
Straße

Am
Stein-
tor

48

Georgstraße

Goethestraße

43

Leibnizufer

23

5

44

Georg-
straße

6

Fössestraße

LINDEN-
IMMER

1

LINDEN-
MITTE

Radenstedter Straße

Von-Alten-Garten

25

60

35

Bornumer Straße

Humboldt-
straße

42

Gustav-
Bratke-
Allee

Lavesallee

Waterloo-
platz

Leine

Karmarschstraße

Friedrichs-
wall

41

31

Maschpark

Ihme

Deisterstraße

Westschnellweg

54

LINDEN
SÜD

Ritter-Brüning-Straße

58

32

38

20

Maschsee

34

N

0   250 m

Isa Grütering, Natascha Korol,
Theresia Koch
**111 Orte für Kinder in Berlin,
die man gesehen haben muss**
ISBN 978-3-7408-0251-6

Christina Bacher,
Norbert Breidenstein
**111 Orte für Kinder in Köln,
die man gesehen haben muss**
ISBN 978-3-7408-0332-2

Daniela Clément
**111 Orte für Kinder in Hamburg,
die man gesehen haben muss**
ISBN 978-3-7408-0334-6

Cornelia Kuhnert,
Günter Krüger
**111 Orte in Hannover, die
man gesehen haben muss**
ISBN 978-3-95451-086-3

Cornelia Kuhnert,
Günter Krüger
**111 Orte rund um Hannover,
die man gesehen haben muss**
ISBN 978-3-95451-707-7

Jacek Auerbach
**111 Orte in Oldenburg,
die man gesehen
haben muss**
ISBN 978-3-7408-0249-3

Jochen Reiss
**111 Orte in und um
Göttingen, die man
gesehen haben muss**
ISBN 978-3-7408-0240-0

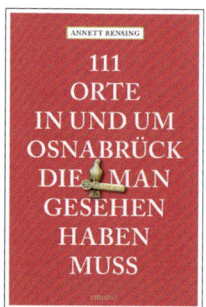

Annett Rensing
**111 Orte in Osnabrück, die
man gesehen haben muss**
ISBN 978-3-7408-0239-4

Norbert Ney, Sonja Bergot
**111 Orte in Ostfriesland,
die man gesehen
haben muss**
ISBN 978-3-95451-828-9

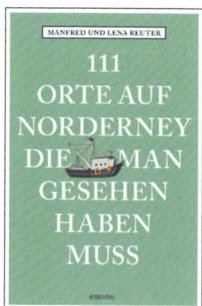

Manfred Reuter, Lena Reuter
**111 Orte auf Norderney, die
man gesehen haben muss**
ISBN 978-3-7408-0130-4

Kirsten Elsner-Schichor
**111 Orte im Harz, die man
gesehen haben muss**
ISBN 978-3-7408-0121-2

Ingo Stock
**111 Orte im Teutoburger
Wald, die man gesehen
haben muss**
ISBN 978-3-95451-859-3

Alexandra Schlennstedt,
Jobst Schlennstedt
**111 Orte in der Lüneburger Heide,
die man gesehen haben muss**
ISBN 978-3-95451-844-9

Christine Izeki,
Gerald Roemer
**111 Orte im Wendland, die
man gesehen haben muss**
ISBN 978-3-7408-0352-0

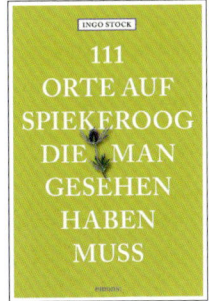

Ingo Stock
**111 Orte auf Spiekeroog,
die man gesehen
haben muss**
ISBN 978-3-7408-0339-1

Alexandra Schlennstedt,
Jobst Schlennstedt
**111 Orte in Bielefeld, die
man gesehen haben muss**
ISBN 978-3-7408-0123-6

Sina Beerwald
**22 Touren auf Sylt,
die man gemacht
haben muss**
ISBN 978-3-7408-0350-6

Jela Henning, Jens Hinrichsen
**111 Orte in und um
Flensburg, die man
gesehen haben muss**
ISBN 978-3-7408-0241-7

Lust auf mehr?

**Laden Sie sich die »LChoice«-App runter,
scannen Sie den QR-Code und bestellen Sie
weitere Bücher direkt in Ihrer Buchhandlung.**

Die Autorin

Cornelia Kuhnert ist in der List geboren und bekennende Hannoveranerin mit Wohnsitz in der Region. Sie dachte, sie kennt Hannover und Umgebung – umso überraschter war sie, was sie bei der Recherche alles erfahren hat. Die ehemalige Lehrerin arbeitet seit Jahren freiberuflich als Herausgeberin von Kurzkrimis und Autorin von Kriminalromanen, die mittlerweile nicht nur in Hannover, sondern auch in Ostfriesland angesiedelt sind. Mehr unter: www.corneliakuhnert.de, www.kuestenkrimi.de

Der Fotograf

Günter Krüger kommt aus Vechta und lebt seit vielen Jahren in der Region Hannover. Der selbstständige Architekt und Fotograf leitet seit 30 Jahren ein über zehnköpfiges Architekturbüro in Burgwedel, das sich auf Industriearchitektur spezialisiert hat. Mit seinem scharfen Auge setzt er Details in Szene, die gerne übersehen werden.
Mehr unter: www.guenterkrueger.de